Guten Tag!

Mosel und Wein – das ist fast ein Synonym. Natürlich prägt Wein das Landschaftsbild der Region.

FRUCHTIG, BLUMIG, SPRITZIG ...

... so und häufig mit noch viel mehr Adjektiven wird der Moselwein charakterisiert. Einige der besten deutschen Rieslinge kommen jedes Jahr von der Mosel – übrigens die älteste deutsche Weinregion. Probieren können Sie die guten Tropfen hervorragend im Weinkulturellen Zentrum von Bernkastel-Kues (S. 74), in einer der vielen Straußwirtschaften oder aber auf einem Weinfest. Zwischen April und Oktober gibt es fast kein Wochenende, an dem nicht irgendwo gefeiert wird. Kaum eine andere Region in Deutschland steht so für Genuss wie die Mosel. Auf S. 120 verrät unsere Autorin Rita Henß ihren Biowein-Favoriten ...

WANDERN AUF TRAUMPFADEN

Zweites touristisches Standbein ist der Aktiv- und Wellnessurlaub. Die den Fluss begleitenden Rad- und Wanderwege ziehen im Sommerhalbjahr Tausende an, Tendenz steigend. Der Moselradweg wurde 2024 auf der Internationalen Tourismusbörse in Berlin als „Vier-Sterne-Qualitätsroute ausgezeichnet. Und der Moselsteig, ein Fernwanderweg, führt in 24 herrlichen Etappen von Perl an der Obermosel bis nach Winningen bei Koblenz – Wanderfreuden auf insgesamt 365 km Länge sind hier garantiert. Wer sich die nicht gleich komplett zumuten möchte, probiert es erst einmal mit einer Tagesetappe – und erholt sich hinterher in einem der luxuriösen Wellnesstempel der Region. Mehr dazu in „Zur Sache" auf S. 106 ff. Viel Vergnügen!
Herzlich

Ihre

Birgit Borowski
Redaktion DuMont Bildatlas

»DAS LEBEN IST ZU KURZ, UM SCHLECHTEN WEIN ZU TRINKEN.«

Johann Wolfgang von Goethe

Rita Henß aus Frankfurt/M. ist als Journalistin und Buchautorin weltweit unterwegs. Mit der Mosel verbindet sie auch die Liebe zu deren Weinen.

Der Hamburger Fotograf **Arthur F. Selbach** hat für den DuMont Bildatlas bereits mehrere Bände fotografiert. In den Steillagen der Moselweinberge kam er ordentlich ins Schwitzen.

Auf den steilsten Hängen Europas wachsen Spitzenweine.

Die Reichsburg Cochem, Zierde der Untermosel

Hübsche Lage: Trittenheim an der Mosel.

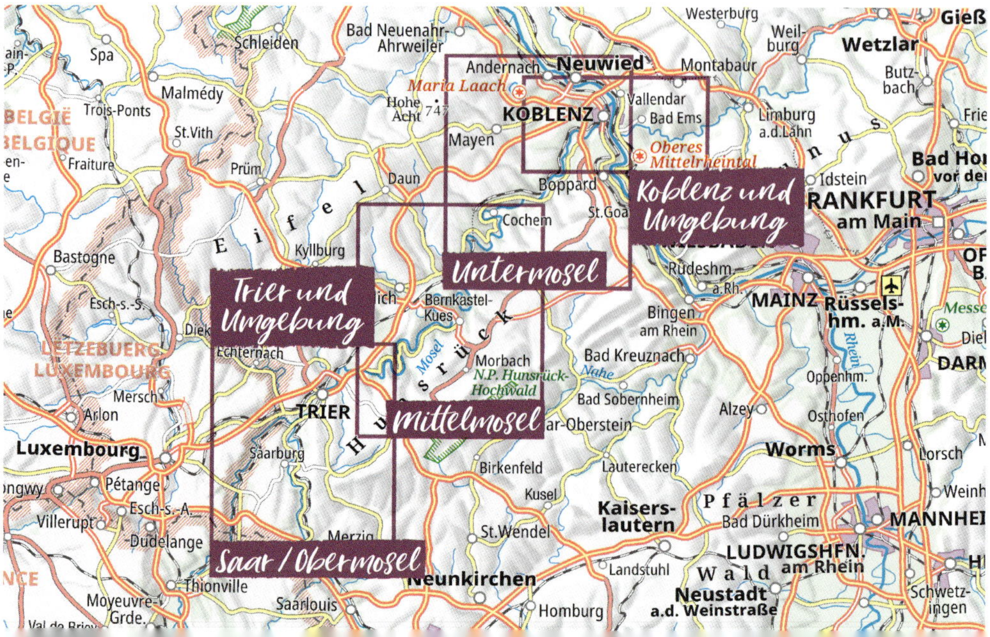

Das Beste erleben

Berührend, aufregend und spannend ...
sind unsere Ideen, die wir für Ihren Aufenthalt
an der Mosel zusammengetragen haben.

Hochkultur

*** 1 ***

DEUTSCHES ECK IN KOBLENZ

Am Zusammenfluss von Rhein und Mosel wacht das Reiterstandbild von Kaiser Wilhelm I. über das Geschehen.

Seite 34

*** 2 ***

FESTUNG EHRENBREITSTEIN

Seit einigen Jahren präsentiert sich die historische Anlage in einem glanzvollen neuen Gewand.

Seite 34

*** 3 ***

JUGENDSTIL IN TRABEN-TRARBACH

Ob Hotel, Villa, Brücke oder Kellerei – vielfältig sind hier die Zeugen der Jahrhundertwende-Architektur.

Seite 74

*** 4 ***

DOM ZU TRIER

Nicht nur zur Heilig-Rock-Wallfahrt ist die älteste deutsche Bischofskirche einen Besuch wert.

Seite 94

Berauschende Natur

*** 5 ***

HÄNGESEILBRÜCKE GEIERLAY

Die zweitlängste Hängeseilbrücke Deutschlands gewährt atemberaubende Aussichten.

Seite 55

*** 6 ***

KLETTERSTEIG AUF DEM CALMONT

Europas steilster Weinberg bringt Wanderer und Winzer ins Schwitzen.

Seite 73

*** 7 ***

MOSELSCHLEIFE

Bei Bremm macht die Mosel eine besonders imposante Wendung.

Seite 73

Phantastisches Erleben

*** 8 ***

BURG ELTZ

Das Bilderbuch-Exemplar einer Ritterfeste macht 800 Jahre Kulturgeschichte hautnah erfahrbar.

Seite 54

*** 9 ***

WEINKULTURELLES ZENTRUM BERNKASTEL-KUES

Mehr als 160 Mosel-Weine können in den Gewölbekellern des St. Nikolaus-Hospitals verkostet werden.

Seite 74

*** 10 ***

STADT MIT FLAIR

In Saarburg rauscht ein Wasserfall und komplettiert das äußerst malerische Ortsbild.

Seite 112

Lebendige Antike

*** 11 ***

RÖMISCHES WEINFEST

Die Römer brachten den Weinbau. Das wird noch heute beim römischen Kelterfest in Piesport gefeiert.

Seite 75

*** 12 ***

PORTA NIGRA

Echt antik: Das Schwarze Tor gehörte zur römischen Stadtmauer von Trier.

Seite 93

PRACHTVOLLE FASSADEN

Am Marktplatz von Bernkastel geben sich die schönsten Zeugnisse historischer Baukunst ein Stelldichein. Bereits im Mittelalter stand hier das erste Rathaus; seine Blüte entfaltete der Platz indes in der Renaissance.

HÖCHSTE QUALITÄT

Die Mosel zählt zu den besten Weinbaugebieten Deutschlands. Vor dem Genuss aber steht harte Arbeit, muss doch in den Steillagen meist von Hand gelesen werden: Neigungen von über sechzig Prozent wie hier bei Bremm machen den Einsatz von Motorpflückern und Traktoren für die Pflege des Wingerts unmöglich.

MODERNE ARCHITEKTUR

Hier fließt einiges zusammen: Das Forum Confluentes in Koblenz vereint Kunst, Kultur und Bildung unter einem Dach. Außen wie innen überzeugt die spektakuläre Architektur, die den Rahmen für die Kunstwerke im Mittelrhein-Museum schafft.

GLANZVOLLE BURGEN

Prächtig und mächtig thront die Reichsburg über den Dächern von Cochem – schon von Weitem ein imposantes Stück Architektur. Und sie ist keineswegs die einzige Feste: Entlang der Mosel stehen die Burgen dicht an dicht.

LEBENDIGE TRADITION

Jedes Jahr zum Sommerausklang Anfang September feiert man in Bernkastel-Kues das Weinfest der Mittelmosel. Dazu gehören die Krönung der Mosella, der neuen Weinkönigin, der prächtige Umzug und nicht zuletzt das spektakuläre Feuerwerk.

ALTE WEINTRADITION

Was heute so jung und frisch in Piesporter Fässern gärt, hat eine uralte Tradition: Die Ursprünge des Weinbaus an der Mosel reichen bis in die Antike zurück.

Unterkünfte mit dem gewissen Etwas

WEINGUT, VILLA ODER FACHWERKHAUS?

Auf einem luxuriös umgebauten historischen Weingut schlummern oder in ehemaligen Bunker-Tarnhäusern nächtigen? Sich in einer eleganten Lohgerber-Villa zur Ruhe betten oder dort schlafen, wo schon die Wiege des Autopioniers Horch stand? Für jeden Anspruch und jedes Budget finden sich an Mosel und Saar Domizile auf Zeit.

❶ Horchpension Wagner

Hinter der Fassade des restaurierten Fachwerkhauses im Herzen des Weinörtchens Winningen schlummerte bereits Johannes Bückler, der als Räuberhauptmann Schinderhannes in der napoleonischen Besatzungszeit im Hunsrück und an der Mosel sein Unwesen trieb. Und der Audi-Gründer August Horch erblickte in dem verwinkelten Gemäuer anno 1868 als Nachfahre einer alten Winzer- und Schmiedfamilie das Licht der Welt. Bis 1884 war es sein Zuhause. Als privat geführte Pension bietet die Geburtsstätte des Autopioniers inzwischen seit vielen Jahrzehnten Platz für ein gutes Dutzend Gäste – natürlich im Schinderhannes- oder im Horch-Zimmer oder auch im Bauern-Apartment. Zum Teil sind die Räume noch mit Original-Mobiliar ausgestattet.

Fährstraße 19, Winningen, Tel. 02606/22 84, www.horchpension.de

❷ Weinromantikhotel Richtershof

Ein ehemaliges Weingut aus dem 17. Jh. begrüßt seine Gäste inzwischen mit 43 romantisch-eleganten Zimmern und Suiten, einem kleinen römischen Spa, Yoga und Detox-Angeboten, einer Zigarrenlounge sowie der Möglichkeit, die Umgebung mit dem Fahrrad zu erkunden. Die Anlage umfasst mehrere Gebäude: vom 300 Jahre alten Weinkeller mit Vinothek über den Jugendstil-Ballsaal und die Kelter mit Offerten für Frühstück, Nachmittagskaffee oder Dinner bis hin zum Feinschmecker-Restaurant in einem ehemaligen Kolonialwarengeschäft aus dem Jahr 1809. Die Küche kombiniert die frischen regionalen Produkte mit der Kochkunst aus aller Welt.

Hauptstr. 81–83, 54486 Mülheim/Mosel, Tel. 06534/94 80, www.weinromantikhotel.com

❸ Villa Beilstein

Klassische Eleganz mit einer Prise Romantik – dieses Ambiente erwartet den Gast in den nur sechs Zimmern des renovierten historischen Hauses am Moselufer. Großzügig und modern sind die Bäder gestaltet, teils mit Naturstein als Ergänzung zu den glatten Fliesen. Die gekonnte Gastfreundschaft der Familie Lipmann zeigt sich zudem beim Frühstücksangebot; bei schönem Wetter kann man es auf der Terrasse oberhalb der Uferstraße genießen.

Fürst-Metternich-Str. 6/7, 56814 Beilstein, Tel. 02673/9 62 94 70, www.villa-beilstein.de

4 Villa Keller

Max Keller ließ sich 1801 direkt am Saarufer einen Wohnsitz im klassizistischen Stil erbauen – und weitete das Anwesen später zu einer Lohgerberei aus. Erst 1955 wurde der Familienbetrieb geschlossen. Die denkmalgeschützte Villa wurde liebevoll restauriert und birgt nunmehr als 3-Sterne-Hotel (mit Restaurant und Wirtshaus) elf behagliche Gästezimmer – eines davon sogar mit Balkon. Von hier bietet sich ein wunderbarer Blick über die Saar und die Altstadt Saarburgs.

Brückenstr. 1, 54439 Saarburg, Tel. 06581/9 29 10, www.villa-keller.de

5 Hotel Vintage

Als Schulungsheim für ihre Mitarbeiter hatte die Bundesbank ihren von 1964 bis 1988 zur Lagerung einer großen Geldreserve genutzten atombombensicheren Bunker in einem ruhigen Wohngebiet Cochems getarnt. Inzwischen ist die geheime unterirdische Stätte am östlichen Moselufer im Rahmen von Führungen öffentlich zugänglich – und die oberirdischen „Tarnhäuser" wurden zu einer modernen Pension umgebaut. Die 17 Zimmer sowie das im Juli 2018 eröffnete Gästehaus mit fünf weiteren Zimmern sind liebevoll und stylish möbliert mit Boxspringbett, Eichenparkett und diversen Design-Akzenten, bieten alle Blick ins Grüne und allergikerfreundliche Materialien.

Brauselaystraße 5 – 7, 56812 Cochem-Cond, Tel. 02671/5 06 70 80, www.hotel-vintage.de

6 Senhalser Höfe

Vom Moselufer nur durch einen schmalen Pfad getrennt, ist dieses Ensemble ein elegant-zeitgenössisches Feriendomizil. Das Spektrum der acht Unterkünfte reicht vom großen Winzerhaus für acht Personen bis zum Gartenhaus für zwei. Sie liegen auf einem gut 2000 m² großen Grundstück mit Innenhöfen und mediterranem Garten. Der einstige Bullenstall ist nun Lounge. Im Liegestuhl auf der Wiese zum Fluss lässt es sich bestens entspannen.

Moselweinstraße 18 – 24, 56820 Senheim-Senhals, Tel. 02673/96 21 11, www.senhalser-hoefe.de

7 Kleiner Riesen

Ruhig und hinter uraltem Baumbestand direkt an den Kaiserin-Augusta-Anlagen am Rheinufer gelegen, bietet das kleine 3-Sterne Hotel (25 helle, moderne Zimmer) seinen Gästen eine Aussichtsterrasse für's Frühstück oder Snacks sowie Leihfahrräder zur Erkundung der Stadt. Wer mag, kann einen kostenfreien Transfer vom Bahnhof in Anspruch nehmen. Die Einzelzimmer sind teils mit Queensize-Bett und sogar mit Balkon ausgestattet.

Januarius-Zick-Str. 11, 56068 Koblenz, Tel. 0261/ 30 34 60, www.hotel-kleinerriesen.de

8 Landhaus Weingut Reverchon

Sie tragen Namen wie Alte Reben, Schiefer, Mineral oder Blanc et Noir, bieten in modern-edlem Ambiente Platz für zwei, drei oder vier Gäste – und liegen auf dem Areal eines Weinguts aus dem Jahr 1685, welches Anfang des 20. Jh. überging in den Besitz der Trierer Bankiersfamilie Reverchon, die das Gutshaus lange Zeit als Sommersitz nutzte. Die Apartments und Ferienwohnungen sind in der Remise und im denkmalgeschützten historischen Hauptgebäude untergebracht.

Saartalstr. 2 – 3, 54329 Konz-Filzen, Tel. 06501/ 92 35 00, www.weingut-reverchon.de

Koblenz und Umgebung

*

STADT AN ZWEI FLÜSSEN

*

Koblenz liegt am Zusammenfluss von Rhein und Mosel. Hier gründeten die Römer das „Castellum apud Confluentes" („bei den Zusammenfließenden"). Die kurfürstliche Residenzstadt mit dem idyllischen Zentrum ist das östliche Tor zur Mosel. Die Stadt war Heimat des Dichters Clemens Brentano und des Verlegers Karl Baedeker.

Majestätisch thront die Festung Ehrenbreitstein oberhalb von Koblenz über dem rechten Rheinufer.

Die Basilika St. Kastor ist die älteste Kirche von Koblenz und ein Hauptwerk der Romanik am Mittelrhein. Davor standen hier zuerst ein römisches Kastell und später ein gallo-römischer Tempel.

Ein schmucker Uferweg am Rhein mit Blick auf Basilika und Seilbahn

Wasser ist das hervorstechende Element in Koblenz, Brücken sind eine Notwendigkeit: Die Statue zeigt Kurfürst Balduin von Luxemburg. Er veranlasste 1342 den Bau der ersten Steinbrücke über die Mosel, seither „Balduinbrücke". Im Hintergrund die Florins- (links) und die Liebfrauenkirche.

Von der Festung Ehrenbreitstein aus überblickt man das Deutsche Eck, an dem Mosel und Rhein zusammenfließen.

Der Koblenzer, oder Kowelenzer im Dialekt, ist frech, laut und wahrhaftig, in dem, was er tut. Er sagt, was er denkt, und nimmt auch der Obrigkeit gegenüber kein Blatt vor den Mund.

KOBLENZ' ALLERBESTER JUNG

Der Koblenzer – und das gilt für Männer wie Frauen gleichermaßen – ist ein echter Schängel. Und so ist der Schängelbrunnen vor dem Koblenzer Rathaus mehr als nur ein Wahrzeichen der Stadt. Er ist ein Denkmal für die Koblenzer Bürger und eine ständige Mahnung an die Stadtoberen, es sich mit den Bürgern nicht zu verscherzen, denn die wehren sich. Selbst der bronzene Schängel auf dem Brunnen spuckt im Minutentakt Richtung Rathaus. Was wird da erst der echte Kowelenzer Schängel tun, wenn er wütend wird?

Der Name „Schängel" geht auf die Zeit der französischen Besatzung im Zuge der Französischen Revolution ab 1794 zurück. „Jean" wurden damals viele von den Besatzern abstammende Söhne deutscher Mütter in Koblenz genannt; „Schang" oder „Schäng" riefen die Koblenzer die Buben, mitunter auch „Schängelsche". Und die Jungen mussten wehrhaft und durchsetzungsstark sein, denn damals war der Name durchaus als Schimpfwort gemeint. Inzwischen gilt die Bezeichnung nicht mehr als Stigma, sondern als Ehrenname, den sich die Koblenzer freiwillig geben und den sie im Schängelbrunnen von 1940, im Schängellied des Mundartdichters Josef Cornelius und auf den Koblenzer Kanaldeckeln ehren.

AM ZUSAMMENFLUSS ZWEIER FLÜSSE

Es ist immer ein Gewinn, wenn ein Ort an einem Gewässer liegt. Aber die herrliche Lage am Zusammenfluss gleich zweier Flüsse, von Rhein und Mosel, verleiht der Stadt Koblenz eine geradezu magische Atmosphäre. Die Flüsse prägen nicht nur das Bild der Stadt, das sich mit Wasserstand und Wetter täglich verändert, sondern auch das kulturelle und wirtschaftliche Leben der Stadt. Rhein und Mosel bringen Einflüsse aus aller Welt.

Über die Mosel gelangen vor allem französische, über den Rhein zudem Einflüsse aus der Schweiz und deutschen Landstrichen, aus den Niederlanden und über deren Häfen aus der Welt. Das äußert sich natürlich kulinarisch, etwa in der feinen französischen Küche, aber auch darin, dass beispielsweise das Champagnerverfahren mit seiner traditionellen zweiten Flaschengärung an Mosel und Rhein übernommen wurde, wodurch feine Crémants und außergewöhnliche VDP-Sekte entstehen. Vor allem aber zeigt es sich in der Offenheit und Neugier der Koblenzer gegenüber dem Unbekannten. Und das kommt den Touristen in Koblenz durchaus zugute.

IN KOBLENZ VEREINIGEN SICH RHEIN UND MOSEL.

DIE DREI GROSSEN „B'S"

Beethoven, Brentano, Baedeker – drei große, mit Koblenz verbundene Namen. Beethovens Mutter, Maria Magdalena Keverich, stammte aus Ehrenbreitstein. Ihr Vater, Nachfahre einer seit Generationen im Dienst der Trierer Bischöfe und Kurfürsten stehenden Weinbauernfamilie aus Köwerich, brachte es in Koblenz zum Oberhofkoch. Kein Wunder also,

Der trutzige Ehrenbreitstein, die zweitgrößte erhaltene Festung Europas, blieb in seiner langen Geschichte unbezwungen.

Eine Seilbahn bringt die Gäste über den Rhein zur Festung Ehrenbreitstein.

Das Mittelrhein-Museum, das in der Vergangeheit mehrmals in der Stadt umziehen musste, residiert seit 2013 im markanten Bau des Forum Confluentes.

Im Kurfürstlichen Schloss residierte der spätere Kaiser Wilhelm I. als preußischer Militärgouverneur. Mit Umsicht und Geschmack ließ seine Gattin Augusta entlang dem Rheinufer die nach ihr benannten Uferanlagen gestalten – noch heute ein beliebter Ruhepol der Stadt.

Special

Deutsches Eck

Ordensspitze und Honsschwanz

Seit der Einweihung des ersten Reiterstandbilds von Kaiser Wilhelm I. 1897 am Zusammenfluss von Mosel und Rhein ist sein Standplatz eine Touristenattraktion.

„Deutscher Ordt" hieß das gesamte Areal aufgrund einer bischöflichen Schenkung an die Ritter des Deutschen Ordens im Mittelalter zunächst. Die eigentliche Landspitze war um 1200 allerdings noch deutlich kleiner. Erst im 19. Jh. wurde sie durch eine Mole mit einer vorgelagerten Sandbank verbunden, um einen Nothafen an der Moselmündung zu schaffen. „Honsschwanz" nannten die Koblenzer diese Neuschöpfung, denn sie bildete geographisch den letzten Ausläufer des Hunsrücks. Nachdem der Hafen wieder zugeschüttet worden war, entschied Kaiser Wilhelm II., dort die Gedenkstatue für seinen Großvater errichten zu lassen.

Kaiser-Wilhelm-Statue am Deutschen Eck

Kurz vor Ende des Zweiten Weltkriegs wurde das Reiterstandbild durch eine amerikanische Artilleriegranate zerstört. Bis 1993 noch nahm die Stelle der einstigen Kaiser-Bronze ein Flaggenstock mit der Bundesflagge ein. Seither steht dort eine durch eine private Stiftung des Koblenzer Verlegerehepaars Theisen finanzierte Nachbildung der ursprünglichen Skulpturengruppe. Seit 2002 ist das Deutsche Eck Bestandteil des UNESCO-Welterbes Oberes Mittelrheintal.

dass Hoftenorist Johann van Beethoven auf Maria aufmerksam wurde. 1767 ehelichte der Sänger die junge Witwe aus dem Haus zu Füßen der Residenz Schloss Philippsburg, und sie folgte dem neuen Gatten nach Bonn. 1770 wurde dort Ludwig geboren.

DICHTER DER ROMANTIK

1778 kam, ebenfalls in Ehrenbreitstein, Clemens Wenzeslaus Brentano de La Roche zur Welt. Die Eltern seiner Mutter lebten hier sowie seine Tante Louise. Bei Großvater Georg von La Roche (dem Kanzler des Großfürsten) und Großmutter Sophie von La Roche (eine der ersten deutschen Berufsschriftstellerinnen) verbrachte Clemens auch die ersten Kinderjahre – stets im Wechsel mit dem eigentlichen Zuhause der Familie in Frankfurt am Main. Ab 1784 kümmerte sich dann die strenge Tante Louise um den Knaben und seine Schwester Sophie. Die beiden tristen Jahre bei der Tante schweißten die Geschwister eng zusammen, immer wieder flüchteten sie in gemeinsame Traumwelten.

Brentano gilt heute als einer der bedeutendsten Schriftsteller der deutschen Romantik; in seinem Gedicht „Zu Bacharach am Rheine ..." erschuf er die berühmte Figur der Loreley. Die im Sommer 1802 gemeinsam mit Achim von

Die „Vier Türme“ Ecke Markt- und Löhrstraße gehören zu den interessantesten Häusern der Stadt. Ihren Namen erhielten sie von den herrlich verzierten Erkern.

Gastlichkeit in Koblenz, sei es vor Regen und Sonne geschützt unter den Arkaden am Münzplatz ...

Die noblen klassizistischen Häuser zeigen es schon an: „Am Plan" gehört zu den vornehmen Plätzen der Stadt, gesäumt von Cafés und Restaurants.

... oder unter freiem Himmel auf der Aussichtsterrasse der Festung Ehrenbreitstein.

Arnim unternommene Rheinreise markierte den Beginn der so genannten Rheinromantik.

EIN REISENDER BUCHHÄNDLER

Karl Baedeker steht für die moderne Reiseführer-Literatur. Einer Essener Drucker- und Verlegerfamilie entstammend, eröffnete der Buchhändler 1827 am heutigen Koblenzer Görresplatz seine Verlagsbuchhandlung. Die 1828 erschienene „Rheinreise von Mainz bis Cöln" des Koblenzer Gymnasialprofessors Johann August Klein gehörte ab 1832 zum Programm. Die 2. Auflage erschien 1835 stark erweitert, und in der 3. Auflage von 1839 hatte Karl Baedeker sein Konzept verwirklicht: Der junge Verleger hatte erkannt, dass Reisende nicht nur Informationen zu Sehenswürdigkeiten benötigten, sondern auch Hinweise zu Hotels und Gasthöfen und zu den Verkehrswegen. All das bot Baedeker, der jeden Sommer zunächst persönlich seine Rechercheziele „erwanderte".

RUINE IN KÖNIGLICHEM GLANZ

16 Millionen Euro verschlang die Restaurierung des südlich von Koblenz gelegenen Schlosses Stolzenfels. Hell wie in den vergangenen Zeiten strahlen die Mauern des bis heute wohl schönsten und bedeutendsten Baukomplexes der preußischen Rheinromantik. 1823 erhielt Kronprinz Friedrich Wilhelm die einstige kurtrierische Zollburg als Ruine von der Stadt Koblenz zum Geschenk und ließ sie von Architekt Karl Friedrich Schinkel bis 1842 zu seinem Sommersitz umgestalten.

Auch die herrlichen Parkanlagen, entworfen vom Landschaftsarchitekten Peter Joseph Lenné, wurden weitgehend authentisch wiederhergestellt. Der königlich-preußische Gartendirektor, Schöpfer u.a. des Zoologischen Gartens von Berlin und der Außenanlagen von Schloss Sanssouci – hatte 1842 den Koblenzer Schlossgarten entworfen und auch maßgeblichen Anteil an der Ausformung der Koblenzer Rheinanlagen.

Hochwasser

LAND UNTER – WENN DIE MOSEL STEIGT

Alle Jahre wieder lassen Schneeschmelze und Regenfälle den Fluss über seine Ufer treten. Aber die Moselaner wissen inzwischen recht gut mit der Gefahr umzugehen und sich gegen die Fluten zu schützen.

Alle Jahre wieder sorgen die wegen Schneeschmelze oder Dauerregen steigenden Flusspegel zwischen Koblenz und Trier für Schlagzeilen. „Fotogen“ herrscht Land unter am Deutschen Eck in Koblenz. Die Anrainer kennen das Thema zur Genüge, wie die historischen Pegelmarken in Koblenz und das Pegelhäuschen in Cochem zeigen. Sie haben seit Generationen gelernt, damit zu leben. „Wie schon unsere Eltern haben wir das Hochwasser bei der Planung unseres Hauses gleich mit einbezogen“, sagt eine Frau in Ellenz-Poltersdorf. Das Erdgeschoss birgt meist die Garage und/oder einen Abstellraum und ist in der Regel rundum gefliest. „So kann man nach dem Hochwasser alles besser sauber machen; der Schlamm lässt sich einfach mit dem Schlauch wegspritzen“, erzählt die junge Ellenzerin.

Das ist gut so: In Poltersdorf steht die Mosel dieses Mal bald gut zwanzig Zentimeter hoch im Ort. Aus Zell heißt es, „hüfthohes Schmutzwasser“ sei über die Schutzmauer in die Altstadt geflossen. 30 Moselgemeinden sind diesmal vom Winterhochwasser betroffen. „Die Moselaner gehen mit dem Hochwasser sehr routiniert um“, lobt ein Sprecher der Zeller Einsatzkräfte. Die Anrainer hätten die lange Vorlaufzeit genutzt und ihre Keller und Garagen geräumt; eine Tankstelle an der Bundesstraße habe vorsorglich die Zapfsäulen abmontiert und die Tanks versiegelt.

DREI LÄNDER AGIEREN GEMEINSAM

Das regelmäßige Anschwellen des Flusses lässt sich inzwischen recht präzise voraussagen und dementsprechend bewältigen. Denn es gibt heute einen Hochwassermeldedienst des rheinlandpfälzischen Landesamts für Umwelt und Wasserwirtschaft sowie Hochwasserlagezentren in Trier, Koblenz und auch in Saarbrücken. Und dazu kommt grenzübergreifende Zusammenarbeit: In der IKSMS (Internationale Kommission zum Schutze von Mosel und Saar) bündeln Deutschland, Frankreich und Luxemburg ihre Aktivitäten mit dem Ziel, ein automatisches Pegelinformationssystem einzurichten. Der gemeinsame „Aktionsplan Hochwasser“ sieht die Verstärkung des Wasserrückhaltes, kurzfristige Optimierung der Messnetze und Meldeinstrumente, Verlängerung der Vorhersagezeiten für die Untermosel auf bis zu 24 Stunden vor und damit eine Senkung der Schadensrisiken um bis zu 25 Prozent.

IM UNGEWISSEN

Angespannt ist die Lage dennoch in jedem Jahr. Die Hochwasser der Mosel und bei Koblenz auch des Rheins sind in den letzten Jahren immer unberechenbarer geworden. Starkregenereignisse lassen selbst kleine Bäche in Hunsrück und Eifel zu reißenden Flüssen anschwellen, mit Auswirkungen auf Mosel und Rhein. Und am Ende eines jeden, selbst „harmlosen“ Hochwassers stehen ohnehin die mühsamen Aufräumarbeiten, wenn das Wasser abgepumpt, die Sandsäcke weggeräumt und der Schlamm von Straßen und Promenaden weggespült werden muss.

Oben: Hochwasser am Uferweg der Mosel in Trier
Unten: Pegelhäuschen in Cochem
Links: Land unter am Deutschen Eck in Koblenz

Historische Pegelmarken in Koblenz

Fakten

Die Hochwasser der Mosel werden **seit 1817 dokumentiert** und seitdem wissenschaftlich erforscht.
Als Hochwasser gilt ein **Pegelstand von 6 Metern** und mehr. Die typischen Hochwassermonate sind **November, Dezember, Januar und Februar;** aber auch im März, April und Oktober kann der Pegel steigen.
Die letzten **Jahrhunderthochwasser** an der Mosel waren **1784 und 1993.**

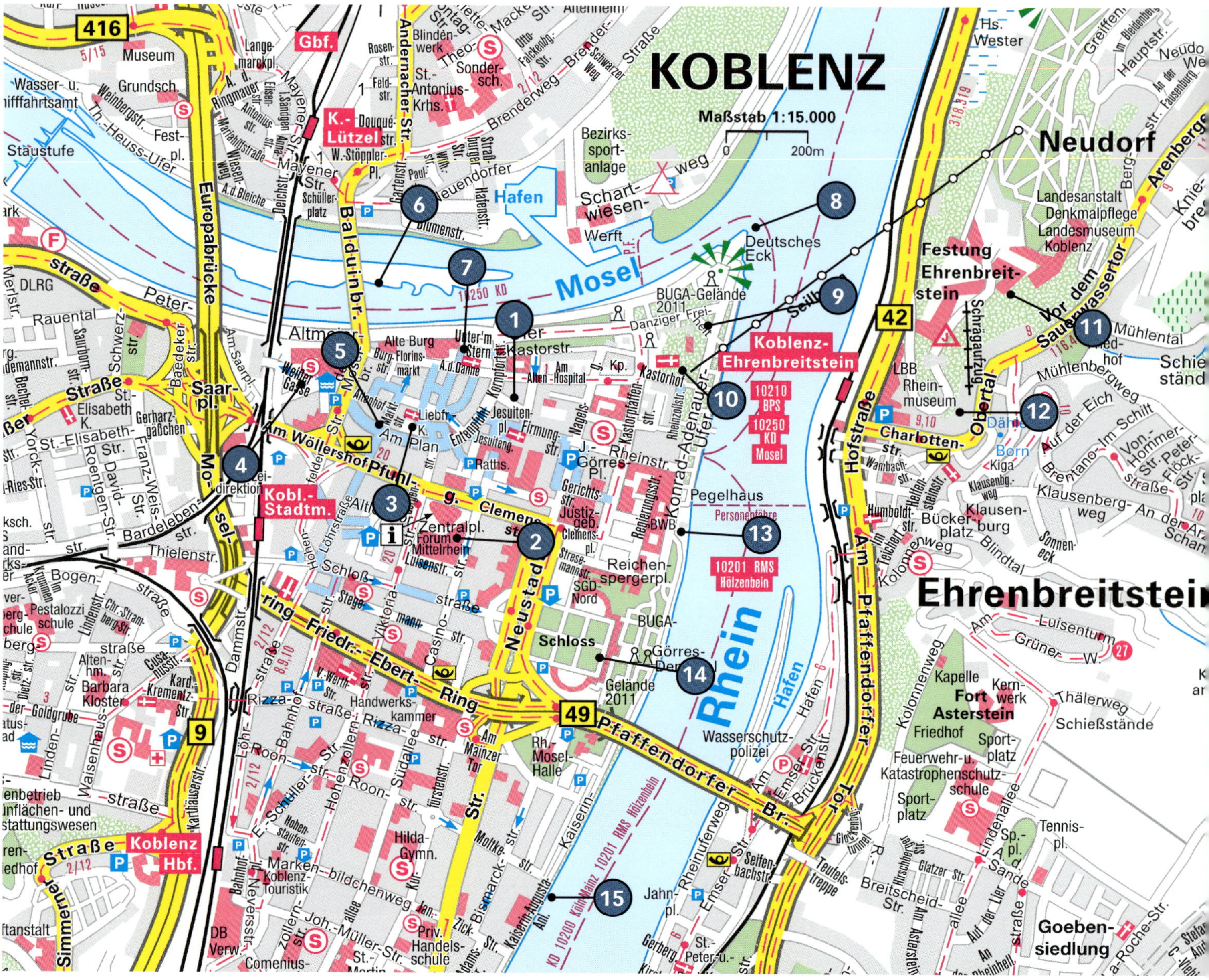

KOBLENZ
Maßstab 1:15.000
0
200m
Neudorf
Ehrenbreitstein
Mosel
Rhein
Hafen
Festung Ehrenbreitstein
Landesanstalt Denkmalpflege Landesmuseum Koblenz
Deutsches Eck
BUGA-Gelände 2011
Koblenz-Ehrenbreitstein
Kobl.-Stadtm.
K.-Lützel
Koblenz Hbf.
Gbf.
Europabrücke
Balduinbr.
Pfaffendorfer Br.
Schloss
Kastorstr.
Altstadt
Alte Burg
Zentralpl.
Forum Mittelrhein
Friedr.-Ebert-Ring
Fort Asterstein
Goeben-siedlung
416
42
49
9
1
2
3
4
5
6
7
8
9
10
11
12
13
14
15

ANDERNACH
NEUWIED
BENDORF
HÖHR-GRENZHAUSEN
MONTABAUR
WEISSENTHURM
VALLENDAR
Neuhäusel
Kettig
Plaidt
MÜLHEIM-KÄRLICH
KOBLENZ
Ochtendung
Bassenheim
Eitelborn
BAD EMS
NASSAU
LAHNSTEIN
BRAUBACH
RHENS
Winningen
Dieblich
Kobern-Gondorf
Waldesch
Niederfell
Spay
Urbar
Simmern
Arzbach
Kemmenau
Dausenau
Becheln
Dachsenhausen
Nickenich
Kruft
Saffig
Polch
Münstermaifeld
Maßstab 1:200.000
0
2
4km
16
17

MARKANTE MÜNDUNG UND FESTUNGSGLANZ

Zum UNESCO-Welterbe Oberes Mittelrheintal gehörend, zeigt sich Koblenz mit seinen rund 114 000 Einwohnern in schönster Blüte. Das gilt für die linksrheinische Kernstadt mit Basilika, Schloss und charmanten historischen Plätzen wie für das rechte Flussufer, wo die Festung und ihr Gelände sich zu zukunftsweisenden Kultur- und Landschaftsstätten verwandelten, gleichermaßen.

Geschichte

Die Anfänge der historischen Garnisonsstadt am Zusammenfluss von Rhein und Mosel – lat. fluvii confluentes, daraus abgeleitet der Stadtname – gehen zurück bis in die Römerzeit. Zwischen den Uferschenkeln der beiden Flüsse liegt die nach den Bombenschäden des Zweiten Weltkriegs weitgehend rekonstruierte Altstadt mit ihren engen Gassen und intimen Plätzen; im Süden schließt sich die rheinwärts ausgerichtete, ab dem 18. Jh. erbaute Neustadt an. 1947–1950 war Koblenz Sitz der Landesregierung von Rheinland-Pfalz. Anlässlich der Bundesgartenschau 2011 startete die Stadt ein zukunftsträchtiges Umbauprogramm, das auch heute noch das Stadtbild bestimmt.

Tipp

Geocaching

Ein Frosch braucht bekanntlich Wasser. In Koblenz findet er es dank des Rheins. Aber auch in den vielen Brunnen der Stadt. In welcher dieser Fontänen fühlt der kräftige Springer sich jedoch am wohlsten? Es sind gleich mehrere, die das in diesem Falle virtuelle Tierchen sich sucht. Und via GPS sucht der Stadtbesucher mit. Für die diversen Schritte zum Ziel sind Aufgaben zu lösen, gebündelt in einem Fragebogen. Am Ende der „Froschkönig"-Rallye erhält jeder Teilnehmer einen Schatz, den er selbst „heben" muss!

INFOS
Die begleitete Tour findet zwischen Ende April/Mai und Okt. einmal im Monat statt. Dauer ca. 2,5 Std., Preis für Erwachsene 14 Euro, für Kinder bis 12 Jahre die Hälfte. Treffpunkt an der Tourist-Information im Forum Confluentes (Infos: www.visit-koblenz.de). GPS-Geräte werden gestellt.

ins

Der Jesuitenplatz, schönster Altstadtplatz, die Florinskirche mit ihren kostbaren Glasfenstern und der Schängelbrunnen beim Rathaus

INFORMATION
Tourist-Information, Forum Confluentes
Zentralplatz 1, 56068 Koblenz
Tel. 0261/1 29 16 10
www.visit-koblenz.de

Sehenswert

ALTSTADT
Am besten beginnt man den Stadtrundgang am (1) **Jesuitenplatz**, an dessen Saum u.a. die ehemalige **Jesuitenkirche** St. Johannes der Täufer (1613–1617) steht mit Renaissanceportal sowie das einstige, mit seinen Türmen und prächtigen Portalen wie ein Schloss wirkende Jesuitengymnasium. 1694–1701 erbaut an Stelle des von den Franzosen zerstörten ersten Schulhauses, dient es seit 1895 als **Rathaus**. Etwas versteckt im Rathaushof steht der **Schängel-Brunnen** (vgl. S. 25). Die (3) **Liebfrauenkirche** entstand im Mittelalter auf den Grundmauern eines Gotteshauses aus dem 5. Jh., welches wiederum auf römischen Fundamenten ruhte. Bis 19. Jh. wurde der Bau mehrfach verändert. Noch heute läutet um 22.00 Uhr eine der Glocken zur Erinnerung an die einstige Schließung der Stadttore um diese Zeit.
Das Areal (5) **Am Plan**, einst barock bebaut und als Markt-, Turnier-, und Veranstaltungsplatz genutzt, ließ Kurfürst und Schlossherr Clemens Wenzeslaus von Sachsen modernisieren, eben („plan") pflastern und im klassizistischen Stil umgestalten. Die Eckhäuser des Altengrabens und der Einkaufsmeile Löhrstraße bilden das Vier-Türme-Ensemble mit reicher Erkerzier. Am (4) **Münzplatz** wurde ab dem 11. Jh. ein Großteil des Geldes der Kurfürsten von Trier geprägt. Von den Münzgebäuden ist nur noch das Münzmeisterhaus (18. Jh.) erhalten. Auf römischen Fundamenten im Mittelalter als Wohnturm errichtet und ab 1277 wehrhaft umgestaltet, diente die Alte Burg (heute Stadtarchiv) vielen Trierer Erzbischöfen und

Kurfürsten als Residenz. Sie vereint Elemente der Spätgotik, der Renaissance und des Barock. Im Haus Metternich (Münzplatz 8), 1674 als Stadthof der Adelsfamilie errichtet, erblickte u.a. der spätere Außenminister und Staatskanzler des österreichischen Kaiserreichs das Licht der Welt. Heute dient das Gebäude u.a. als Ausstellungshalle. Die 6 **Balduinbrücke** war die erste steinerne Moselbrücke. Kurfürst Balduin von Luxemburg ließ den Bau 1342 beginnen. An der selben Stelle befand sich bereits zu Römerzeiten ein Moselübergang.
Am 7 **Florinsmarkt** erhebt sich die doppeltürmige **Florinskirche**, ursprünglich geistiges Zentrum eines bedeutenden Stifts, an dem u.a. Nicolaus Cusanus das Probstamt innehatte. Sie besitzt herrliche mittelalterliche Wandmalereien und kostbare gotische Glasfenster. Parallel zum Fluss stehen auf dem Platz zudem das **Schöffenhaus** (16. Jh.), der **Bürreheimer Hof** (17. Jh.) sowie das im 15. Jh. erbaute, im 17./18. Jh. umgestaltete **Kauf- und Danzhaus**. Händler, deren Schiffe am Moselufer lagen, boten hier einst ihre Waren an; in den oberen Sälen wurden Feste oder Versammlungen ausgerichtet. Die Fassade ziert der sog. **Augenroller**, eine schwarze Männerfratze, die (da mit dem Pendel einer Uhr verbunden) die Augen rollt und zur vollen Stunde die Zunge herausstreckt. Der Sage nach erinnert des Bildnis an den Raubritter Johann Lutter von Kobern, der auf dem Weg zu seiner Hinrichtung forderte: „Errichtet mir ein Denkmal, es wird euch Glück bringen!" und auf dem Schafott dann seine Augen verdrehte und die Zunge herausstreckte.
Durch die Kornpforte gelangt man hinab zum **Moselufer** mit dem **Deutschen Kaiser**, einem Wohnturm aus dem 16. Jh., und zum 8 **Deutschen Eck** TOPZIEL. Das überdimensionierte Reiterstandbild zeigt Kaiser Wilhelm I. und ist eine Nachbildung des 1945 zerstörten Originals von 1897. Hinter dem Mauerdurchgang zum 9 **Deutschherrenhaus** (heute: Museum Ludwig) öffnet sich das Stiftsareal der 10 **Basilika St. Kastor,** wo bereits die Römer zur Zeit von Kaiser Augustus (27 v.–14 n.Chr.) ein erstes Kastell errichtet hatten. Die Anfänge der Kastorkirche reichen bis ins 9. Jahrhundert zurück.

EHRENBREITSTEIN

Über den Blumenhof der Basilika erreicht man die Talstation der Seilbahn zur 11 **Festung Ehrenbreitstein** TOPZIEL (April–Okt. 10.00 bis 18.00, Nov.–März 10.00–17.00 Uhr, https://tor-zum-welterbe.de/festung-ehrenbreitstein). Fast 120 m hoch über dem Rhein gelegen, wurde die zweitgrößte erhaltene Festung Europas in ihrer heutigen Gestalt zwischen 1817 und 1828 erbaut. Ihr Ursprung geht zurück auf den Konradiner Ehrenbert (um 1000). Besiedelt war die Höhe bereits in vorchristlicher Zeit. 2011 wurden Feste und Festungspark saniert und gehen seither mit neuen bzw. modernisierten Einrichtungen in die Zukunft. So wandelte sich z.B. das Gelände an der **Seilbahnstation** mit seiner skulpturalen Aussichtsplattform zum Landschaftspark mit Klettergarten. Ausstellungen und zahlreiche Veranstaltungen übers Jahr beleben das alte Gemäuer. Zu den schönsten gehört die dauerhafte Ausstellung WeinReich zur Geschichte des Weinbaus an Rhein und Mosel, an die eine Vinothek mit Verkostungsmöglichkeiten angeschlossen ist, und der alljährliche charmante Christmas-Garden von Ende November bis Anfang Januar, der allein durch die herrliche Beleuchtung der Festung einen Besuch wert ist (www.christmas-garden.de/koblenz).

Die Basilika St. Kastor in ihrer ganzen Pracht, das ehem. preußische Regierungsgebäude und Festung Ehrenbreitstein, einer der beliebtesten Treffpunkte der Stadt

NEUSTADT

Südlich der Talstation der Seilbahn beginnt die Koblenzer Neustadt mit dem fast 160 m langen einstigen 13 **Preußischen Regierungsgebäude**. Direkt am Rheinufer steht auf seiner Höhe das achteckige **Pegelhäuschen** (17. Jh.). Einige Schritte weiter öffnen sich zwei Pforten hinauf zu den Gärten des 12 **Kurfürstlichen Schlosses**, das Kurfürst Clemens zwischen 1777 und 1786 im Stil des französischen Klassizismus errichten ließ. Jenseits der Pfaffendorfer Brücke beginnen die 15 **Augusta-Anlagen**, jener Teil der insgesamt 3,5 km linken Rheinpromenade, deren Neugestaltung Augusta von Sachsen-Weimar-Eisenach, die Gemahlin des späteren Kaisers Wilhelm I., zwischen 1856 und 1861 nach Plänen von Fürst von Pückler-Muskau beim preußischen Gartenbaumeister Peter Joseph Lenné in Auftrag gegeben hatte. In den Augusta-Anlagen liegt auch das für die Reichsausstellung „Deutscher Wein" 1925 errichtete **Weindorf** mit Nachbauten typischer Winzerhäuser aus deutschen Weinbauregionen (www.weindorf-koblenz.de). Hinter dem Weindorf erstreckt sich das **„Schnorbach Brückstück"**, die einzige Innenstadtweinlage von Koblenz.

Museen

Schwerpunkt der großen Dauerausstellung des 2 **Mittelrhein-Museums** im markanten Forum Confluentes (Zentralplatz 1; Di.–So. 10.00 bis 18.00 Uhr, www.mittelrhein-museum.de) sind Gemälde, Skulpturen und Kunsthandwerk vom Mittelalter bis zum 21.Jh. Schwerpunkt des 9 **Ludwigmuseums** im ehemaligen Deutschherrenhaus ist die französische Kunst des 20. Jh., besonders nach 1945. Zudem gibt es Wechselausstellungen zeitgenössischer internationaler Kunst (Danziger Freiheit 1, Di.–Sa. 10.30–17.00, So. 11.00–18.00 Uhr, www.ludwigmuseum.org). „Geborgene Schätze. Archäologie an Mittelrhein und Mosel" heißt die Dauerausstellung im Haupthaus des 11 **Landesmuseums.** Es umfasst vier Sammlungen, darunter das Haus der Fotografie im Turm Ungenannt, das Haus des Genusses in der Langen Linie sowie das Haus der Kulturgeschichte in der Hohe Ostfront und Landbastion (alle Festung Ehrenbreitstein, Öffnungszeiten s. dort, https://tor-zum-welterbe.de/festung-ehrenbreitstein). Das 12 **Rhein-Museum** (Charlottenstr. 53a, Ehrenbreitstein, Di.–Fr. 10.00 bis 17.00, Sa., So. 12.30–16.00 Uhr, www.rhein-museum.de) dokumentiert die Kulturgeschichte des Flusses sowie Schifffahrt, Biologie und Ökologie. Das **Mutter-Beethoven-Haus** (Wambachstr. 204, Ehrenbreitstein, www.mutter-beethoven-haus.de, So. und Fei. 14.00 bis 18.00 Uhr) birgt eine Fülle von Zeugnissen zum Leben des Komponisten und seiner Familie mütterlicherseits. Weitere Exponate sind den mit Koblenz bzw. Ehrenbreitstein verbundenen Schriftstellern Sophie von La Roche, Clemens Brentano und Bettina von Arnim ge-

»WO REBEN SICH RANKEN MIT INNIGEM TRIEB SO MEINE GEDANKEN HABT ALLES HIER LIEB.«

Clemens von Brentano

widmet sowie der Am Plan geborenen Hof- und Kammersängerin Henriette Sontag (1806 bis 1854), die weltweit Erfolge feierte.

Hotels

€€ Ghotel, Neversstr. 15, Tel. 0261/2 00 24 50, www.ghotel.de, 120 Zi. Moderne, klare Räume und die verkehrsgünstige Lage zeichnen dieses Hotel aus.
€€ Trierer Hof, Clemensstraße. 1, Tel. 0261/ 1 00 60, www.triererhof.de, 35 Zi. Zentraler geht es fast nicht: Mitten in der Altstadt ganz nahe beim Schloss liegt das kleine Hotel.

Restaurant

Hausgemachte Würste, Schängelbraten und andere vorwiegend fleischliche Deftigkeiten sowie Bierspezialitäten serviert **€€ Maximilians Altes Kaufhaus** (Unterm Stern 2, Tel. 0261/97 34 58 46, www.maximilians-altes-kaufhaus.de).

Feste

Die Zeit der Gattin von Wilhelm I. wird lebendig beim **Kaiserin Augusta Fest** (1. Sonntag im Juni) in den Rheinuferanlagen und auf dem Gelände des Kurfürstlichen Schlosses. Beim **Altstadtfest** (Anfang Juli) erklingen auf den Plätzen Musik und Stücke in Koblenzer Mundart. Die Spielzeiten der Festivals **RheinVokal** (www.rheinvokal.de) und **Mittelrhein Musik** (www.mittelrheinmusik.de) laufen von Mai bis August. An den Ufern seiner beiden Flüsse feiert Koblenz im Rahmen des Feuerwerkszaubers **Rhein-in-Flammen** den Sommer (Anf. Aug., www.koblenzer-sommerfest.de, www.rhein-in-flammen.com).

Umgebung

Am nördlichen Steilhang des Karthäuserbergs (ca. 4 km südwestl. vom Stadtzentrum) thront das fast vollständig erhaltene 16 **Fort Konstantin**. Benannt nach dem Bruder des russischen Zaren Alexander I. Konstatin Pawlowitsch und 1822–1827 errichtet, birgt das Relikt der ehemaligen preußischen Großfestung Koblenz heute das **Rheinische Fastnachtsmuseum** (auf Anfrage, www.fastnachtsmuseum-koblenz.de). Das Fort sieht auch kulturelle Veranstaltungen (www.pro-konstantin.de).
Etwa 7 km südlich vom Stadtzentrum erhebt sich über dem linken Rheinufer das im 19. Jh. aus den Ruinen einer Burg des 13. Jh.s erstandene 17 **Schloss Stolzenfels** (Mitte März bis Okt. Di.–So. 10.00–17.00, Feb.–Mitte März, Nov. Sa., So. 10.00–17.00 Uhr, https://tor-zum-welterbe.de/stolzenfels), ein prachtvolles Beispiel preußischer Rheinromantik. Zugänglich sind die Gärten und Teilbereiche der Räume (u.a. Rittersäle und Königinwohnung).

JA **NATÜR** LICH

MIT ÖKOSTROM ÜBER DEN STROM GONDELN

Die Aussicht aus den Panoramakabinen ist einfach phänomenal: ein weiter Blick auf das Mittelrheintal, auf das Deutsche Eck und natürlich auf die Stadt Koblenz.

Angetrieben wird die Seilbahn von einem 1300 PS starken, mit Ökostrom versorgten Elektromotor. In die 16 Kabinen passen jeweils 35 Passagiere, in einer Stunde können 7600 Personen in beide Richtungen befördert werden. Damit hat die Koblenzer Luftseilbahn deutschlandweit die höchste Förderkapazität pro Stunde. Gebaut wurde sie zur Bundesgartenschau 2011. Sie verbindet die Rheinanlagen in Höhe der Basilika St. Kastor mit dem Plateau vor der Festung Ehrenbreitstein. Die Seilbahnlänge beträgt 890 m, das freie Spannfeld über dem Rhein 850 m, dabei überwindet sie schwebend 112 Höhenmeter. Die Fahrtgeschwindigkeit beträgt 16 km/h, die Fahrt von einem Ufer zum anderen dauert 4 bis 5 Minuten. Die Kabinen hängen auf zwei Tragseilen und haben daher eine hohe Windstabilität. Sie sind übrigens auch für Rollstühle, Kinderwagen und Fahrräder geeignet.

Nach oben Blick auf die Festung Ehrenbreitstein, nach unten auf das Deutsche Eck

Um den Welterbestatus nicht zu verlieren, müsste die Stadt Koblenz die Seilbahn eigentlich 2026 abbauen. Seit Herbst 2024 versucht die Stadt nun, durch den Umbau der Seilbahnstationen eine dauerhafte Betriebsgenehmigung bei der UNESCO zu erwirken.

Doch nicht nur die Hin- bzw. Rückfahrt ist ein besonderes Erlebnis, denn auf dem Felssporn hoch über dem Rhein erwarten Sie die Festung Ehrenbreitstein, ein Aussichtspunkt auf dem Festungsgelände, ein Restaurant und ein Biergarten, jeweils mit herrlichem Blick ins Tal.

Seilbahnfahrtzeiten: täglich von 10.00 bis mind. 19.00 Uhr, häufig länger
Kulturzentrum Festung Ehrenbreitstein: April–Okt. 10.00 bis 18.00, Nov.–März 10.00–16.00 Uhr
Seilbahnticket: Hin- und Rückfahrt 14,90 €, Kombiticket (Seilbahn + Festung) 19 €

www.seilbahn-koblenz.de

Untermosel

BAUKUNST ALLER EPOCHEN

Die Untermosel wird auch Terrassenmosel genannt. Hier gräbt sich der Fluss tief in die Landschaft ein. Burgen und Kirchen, Klöster und Winzerhöfe, zudem ein Tunnel, der Technikgeschichte schrieb und schreibt – die Region ist reich an imposanten Architekturzeugnissen vom Mittelalter bis in unsere Zeit.

Eine der schönsten Burgen an der Mosel: Reichsburg Cochem. Ein idyllischer Landschaftsgarten umgibt die Feste.

Schloss Liebieg in Gondorf teilt das Schicksal manch mittelalterlichen Bauwerks:
Es wurde komplett zerstört. Ein Koblenzer Kaufmann ließ es 1859/60 wiedererstehen.

Schloss von der Leyen, auch Schloss Gondorf genannt, ist die einzige Wasserburg an der Mosel.
Kurios: Seit 1971 führt die B 416 unten durch.

Altes Gemäuer kann einen besonderen Reiz entfalten – zumal bei gutem Wetter. Das beweist das Restaurant bei der Oberburg in Kobern-Gondorf.

Die sechseckige Matthias-Kapelle in Kobern-Gondorf gehört zu den bedeutendsten spätromanischen Kirchen der Region.

„Tor zum Weinparadies der Mosel" steht auf einem Plakat der Jahrhundertwende. In sattem Rebgrün mit riesling-goldenen Lettern, einem Weinstock und dem in Grün und Sonnenfarben gehaltenen Flusspanorama hinter einem stilisierten rotgoldenen Barockportal wirbt es für die Gemeinde Winnigen. Die frühe Werbebotschaft hängt im Heimatmuseum des Orts, einem Gebäude, das selbst einen beachtlichen kulturhistorischen Wert besitzt. Der Koblenzer Johann Claudius von Lassaulx, eigentlich Mediziner und Jurist, ließ das Gebäude im Jahr 1833 während seiner regen Tätigkeit als „Königlich Preußischer Baumeister der Rheinprovinz" als Schule bauen.

AUGUST HORCH – DER WINNINGER AUTOPIONIER

Etwa ein halbes Jahrhundert nach der Einweihung der Winninger Schule lichtete ein Fotograf vor ihrer Fassade einen Jungen namens August ab. Die Familie des damals Zehnjährigen wohnte in der Fährstraße nahe dem alten Dorffriedhof. Ihr Name lautete Horch. Der Vater war Winzer und Schmied; bei ihm lernte August nach Ende seiner Schulausbildung 1881 den Umgang mit Amboss und Hammer und konstruierte bald auch sein erstes Fortbewegungsmittel: ein dreirädriges Hochrad. Knapp zwei Jahrzehnte später gründete August als junger Ingenieur in Köln das Unternehmen Horch & Cie und baute sein erstes Automobil. Mit der latinisierten Form seines Familiennamens – „audi" – schrieb sich der Winninger Pionier dann ins Buch der Automobilgeschichte ein. Zum Gedenken an den berühmten Sohn des Orts wird u.a. jedes Jahr ein Wein aus Winningen in festlichem Rahmen zur Horch-Edition ausgezeichnet.

Dreißig Familien leben noch hauptberuflich vom Weinbau in Winningen (darunter auch eine namens Horch-Göbel); nebenberuflich bebauen noch einmal ebenso viele die Weinberge ihrer Vorfahren. Seit 1971 dürfen sie alle ihre Weine

Mit malerischen Winkeln ist Alken reich gesegnet, ob im Ort selbst oder auf Burg Thurant.

Burg Thurant wurde um 1200 erbaut. Im Frühling überzieht diese Glyzinie das ehrwürdige Gemäuer mit einem blauen Blütenschauer.

Die beiden markanten Bergfriede der Burg Thurant sind der Trierer und der Kölner Turm. Zu Füßen der Feste gedeihen in der Reblage „Alkener Burgberg“ überwiegend Weißweine.

Die drei schneeweißen Türme der Stiftskirche St. Castor beherrschen das Ortsbild von Karden. Von der Zilleskapelle auf dem Zillesberg aus genießt man diese wunderbare Aussicht auf den „Moseldom“.

offiziell „Winninger Weinhex’“ nennen statt des vorigen Flurnamens Heideberg. Den Kollegen in den Nachbargemeinden ist auf ihren Flaschen nur die Bezeichnung „Weinhex’“ ohne Ortsnamen erlaubt. Im Winninger Spital, einst Herberge für Handwerksburschen auf der Walz, Soldaten oder Pilger, die heute zur Vinothek umgebaut wurde, sind 18 örtliche Weinbaubetriebe mit ihren Produkten vertreten.

VON HEXEN UND WEIN

Um die Weinhex’, die als Figur 1950 bei den Winninger Festspielen geboren wurde und seither gleichberechtigt mit der Weinkönigin in flammenfarbenem Gewand die Feurigkeit des örtlichen Weins symbolisiert, rankt sich diese Anekdote:

Am Wolfstor wohnte Veit Mertes, genannt „Pfeifenhannes“, mit seinem Weib Kathrin. Veit bestellte seinen Wingert und liebte es, auf seiner Flöte zu spielen. Eines Tages bemerkte er, dass auf der Treppe zum Fasskeller Wein verschüttet war. Auch der Kellerboden war nass. Veit untersuchte seine Fässer und stellte fest, dass ausgerechnet aus dem besten Fuder vier Daumen Wein fehlten. Nach einigen Tagen war der Fasspegel erneut gesunken. Und Nachbarn berichteten von ähnlichen Verlusten. Wütend beschloss Veit, den Dieb zu stellen. Am nächsten Abend versteckte er sich im Keller. Irgendwann schlich jemand die Treppe hinunter – und Pfeifenhannes erkannte im Schein der Öllampe völlig überrascht seine Frau Kathrin, die er doch bei einem ihrer regelmäßigen Nachbarbesuche wähnte. Geraden Wegs ging sie auf sein bestes Fuder zu, machte sich am Fassboden zu schaffen. Und schon rann der Wein in ihren mitgebrachten Krug. Geschickt stopfte die Diebin mit einem Holzpflock und Talg das Loch im Fassboden wieder zu. Als sie die Kellertreppe hinaufschleichen wollte, sprang Veit aus seinem Versteck und spielte mit seiner Flöte eine schrille Melodie. Der Schreck fuhr Kathrin in die Glieder, und von da an hatten die Nachbarn Ruhe vor der, wie sie geglaubt hatten, geheimnisvollen Hex’, die den Wein aus den Fässern naschte, und Pfeifenhannes auch.

Mit dem tiefen Ernst der historischen Tatsachen hat diese Sage, die sogar auf einer Balkenschnitzerei im Ort bildlich dargestellt und in reimenden Worten beschrieben ist, indes rein gar nichts gemein. Tatsächlich erinnert die Figur der Hex’, die als Brunnenfigur im Ortszentrum steht, an ein trauriges Kapitel Winninger Geschichte: Hier war der Hexenwahn besonders stark und lange verbreitet. Noch im 17. Jahrhundert verbrannte man 21 Frauen auf dem „Hexenhügel“ (dem jetzigen Heideberg), der bereits zu keltischer Zeit Kult- und Gerichtsstätte war. Diese schreckliche Episode bringt ein 1925 auf dem Hügel errichtetes Denkmal in Erinnerung, das außer an die zu Tode gekommenen Frauen auch an zwei männliche Opfer erinnert. Vom Flugplatz Winningen aus gelangt man zum „Hexenpfad“.

AUS DEM HEIDEBERG WURDE DIE BERÜHMTE „WINNINGER WEINHEX’“.

COCHEMS NEUSCHWANSTEIN

Jacob Louis Ravené liebte die Künste. Mit anderen Familienmitgliedern sammelte und vertrieb er in einer Galerie in seiner Heimatstadt Berlin hochkarätige Malerei, war Mitbegründer einer Fayencewerkstatt und Vorstandsmitglied des dortigen Kunstgewerbemuseums. Eine Dienstreise – die Ravenés produ-

Die Reichsburg Cochem lag in Trümmern, bis ein Berliner Fabrikant sie kaufte und im neugotischen Stil wiederaufbauen ließ.

Nicht nur von außen, auch innen huldigt man auf der Reichsburg Cochem der Burgenromantik und zelebriert zum Gaudium der Teilnehmer Gastmahle im Stil des Mittelalters.

Prächtige Holzsäulen tragen die Stuckdecke des „Rittersaals".

Special

Kaiser-Wilhelm-Tunnel

Ein Bauwunder für die Bahn

Er gilt als eine ingenieurtechnische Meisterleistung des 19. Jh.s und war bis 1985 der längste Eisenbahntunnel Deutschlands: der Kaiser-Wilhelm-Tunnel, der die Moselgemeinden Cochem und Ediger-Eller miteinander verbindet.

Am Südportal des Tunnels bei Eller

1877 von seinem Namenspatron persönlich eingeweiht, war er Teil der Bahnstrecke Koblenz-Trier und verkürzte diese um 25 Kilometer, indem er durch den harten Schiefer des sogenannten Moselkrampens getrieben wurde und auch die große Moselschleife umging. 4205 m lang ist der zweigleisige Tunnel, der, 1879 in Betrieb genommen, einen Höhenunterschied von 14 m überwindet.

Mit zunehmender Frequenz der Verbindungen und immer leistungsfähigeren Lokomotiven standen die Tunnelingenieure allerdings immer wieder vor neuen Problemen: Dämpfe und Rauchgase mussten abgeführt werden, die Strecke elektrifiziert, ständig modernisiert und durch Löschwasserleitungen ergänzt werden. Irgendwann aber war der Tunnel dem steigenden Personen- und Güterverkehr des 21. Jh.s nicht mehr gewachsen. 2011 wurde daher parallel zum ursprünglichen Tunnel eine neue Strecke eröffnet, die den modernen Anforderungen entspricht. Der alte Kaiser-Wilhelm-Tunnel wurde saniert und ist weiterhin in Betrieb.

zierten eigentlich Eisenwaren – brachte Jacob Louis um 1865 von der Spree an die Mosel. Die zahlreichen Burgen und Burgruinen an ihren Ufern beflügelten seine künstlerische Phantasie. In Traben-Trarbach trug der mit Künstlern und Architekten befreundete preußische Kommerzialrat den Stadtvätern daraufhin an, die Grevenburg wieder aufzubauen – selbstverständlich auf seine Kosten. Der Vorschlag fand indes kein Gehör. Als nächstes interessantes Projekt geriet dem Hugenotten-Spross die von den Truppen des französischen „Sonnenkönigs" Ludwig XIV. während des Pfälzischen Erbfolgekriegs (1688–1697) in Schutt und Asche gelegte Reichsburg zu Cochem in den Blick.

DIE REICHSBURG ERSTEHT NEU

Rasch stellte Ravené bei der preußischen Domänenverwaltung einen Antrag auf Kauf der Burg, um sie wieder aufzubauen. Schon wenige Monate später erteilte Kaiser Wilhelm I. seine Einwilligung, forderte aber, die noch stehenden Gebäudeteile – den Hauptturm und einen Treppenturm – zu erhalten, den Aufbau nach historischen Vorgaben durchzuführen und die Burg teilweise öffentlich zugänglich zu machen.

Schon 1868 begannen erste Arbeiten; ab 1871 kümmerte sich der einstige Köl-

Cochem gehört zu den schönsten Städten an der Mosel. Bars und Restaurants profitieren von dem urgemütlichen Ambiente, das in den alten Gemäuern herrscht.

Draußen zaubern die Fachwerkhäuser eine malerische Stadtkulisse.
Rund um den Marktplatz ist sie besonders gelungen.

Der lebensfrohe „Kapuziner" zeigt an: Hier geht es in eine Weinstube.

Am Abend in der Altstadt von Cochem. Auf den Straßen kehrt Ruhe ein, in den Weinstuben und Restaurants beginnt nun das Hauptgeschäft.

»WIR GENOSSEN DES KÖSTLICHSTEN MOSELWEINS.«

Johann Wolfgang von Goethe

»WIR SOFFEN UNS LANGSAM DEN FLUSS HINAB.«

Kurt Tucholsky

ner Stadtbaumeister und Planer des Berliner Doms, Julius Carl Raschdorff, um den Fortgang des Baus, wobei er seiner Phantasie ganz im Sinne der Burgenromantik (und des Bauherrn) mehr oder weniger freien Lauf ließ: Dem Hauptturm verpasste er ein zusätzliches Stockwerk, im Hexenturm installierte er im Obergeschoss ein Badezimmer. Ein weiterer Freund Ravenés, der Maler Ernst Ewald (seine Werke zieren u.a. in Berlin Malereien in der Bibliothek des Roten Rathauses und in der Querhalle der Nationalgalerie) entwarf den aufwendigen Bildschmuck an Decken und Wänden und führte ihn zum Teil selbst aus. Aber auch mosselländische (Kunst)Handwerker trugen zur Ausgestaltung der Räume bei.

1877 konnte Jacob Louis Ravené zum Festbankett anlässlich der Einweihung der Burg und gleichzeitig auch des Kaiser-Wilhelm-Tunnels hochrangige Gäste begrüßen. Nur zwei Jahre später starb er, sein Sohn Louis Auguste ließ die Arbeiten bis 1890 fortführen. Er stattete die Burg auch mit einer großen Kunstsammlung aus, die allerdings im Zweiten Weltkrieg größtenteils zerstört wurde. Ein Dreivierteljahrhundert blieb die Reichsburg im Besitz seiner Familie und diente ihr als Sommerquartier. Seit 1978 nennt die Stadt Cochem sie ihr Eigen.

EINE INSPIRIERENDE REISE

„Als wir uns damals in Köln in den Zug setzten, hatte ich viele meiner kleinen Notizkladden, einen Haufen Blei- und Buntstifte, eine Schere, einen Papierkleber und einen Fotoapparat dabei. Schon während der Zugfahrt begann ich mit den ersten Notaten ...". Mit diesen Worten erinnert sich Hanns-Josef Ortheil an den Beginn einer zweiwöchigen Wanderung längs der Mosel, die er 1963, als Elfjähriger, mit seinem Vater unternahm. Die collagenartige Mitschrift des Unterwegsseins – kurze Notizen, Fotos, Postkarten und andere Dokumente – formulierte der Junge zuhause um in einen längeren Text: „Die Moselreise". Als Erwachsener unternahm der Schriftsteller Ortheil die Reise ein zweites Mal, brachte im Jahr 2010 beide Touren zusammen zwischen zwei Buchdeckel.

FLUSS DER DICHTER

Mit seiner autobiographisch-literarischen Hommage an die Rheintochter steht der vielfach ausgezeichnete Kölner Autor in einer langen Tradition. Sein wohl berühmtester Vorgänger war der Römer Decimius Magnus Ausonius. Dessen Werk „Mosella" beschreibt in 483 Hexametern eine Reise von Bingen über den Hunsrück an die Mosel und, immer deren Verlauf folgend, bis nach Trier.

Erlebnis wird groß geschrieben in den Moselburgen:
Vorführung alter Handwerke auf der Ehrenburg …

… und Handwerkermarkt beim alljährlichen mittelalterlichen Burgfest auf der Reichsburg Cochem.
Natürlich (fast) stilecht.

In einem Seitental der Mosel erhebt sich die Ehrenburg bei Brodenbach. Auffallend ist der Doppelturm aus dem 14. Jh.,
bei dem zwei Türme zu einem zu verschmelzen scheinen.

Echtes Mittelalter sieht zwar anders aus, doch auf den Ruinen der Reichsburg Cochem ist der Neuanfang im 19. Jahrhundert dennoch gelungen.

Zwischen den euphorischen Reimen des spätantiken Verseschmiedes und Lehrers am Kaiserhof zu Trier und Hanns-Josef Ortheils Reflexionen zu Landschaft, Sprache, Obsessionen siedeln diverse Textgattungen und Aufzeichnungsformen in Sachen Mosel. „Wir genossen des köstlichsten Moselweins" schrieb etwa Johann Wolfgang von Goethe, während Kurt Tucholsky freiweg formulierte: „Wir soffen uns langsam den Fluß hinab". Der junge Guillaume Apollinaire, einer der bedeutendsten französischen Autoren des frühen 20. Jh.s, schwärmte seiner *maman* von Trier vor, das in einen Atemzug zu nennen sei mit Paris, Rom, Marseille und Amsterdam, und wo es einen Wein gebe „der die Meere, die Tiere, die Pflanzen enthält". Überhaupt ist es der Moselwein, der über Jahrhunderte gern bedichtet und besungen wurde: Sei es bei Hans Fallada, der in seinen Erzählungen eine Flasche „Mittleren Mosel" auf den Tisch stellte, oder in den unzähligen Balladen, in denen es etwa heißt: „Frisch, laßt uns bei dem durst'gen Lied
Die vollen Gläser leeren!
Der uns den Moselwein beschied,
Will, daß wir ihn verehren."

Und natürlich gibt die Mosel inzwischen auch die Kulisse für eine ganze Reihe von Kriminalromanen. Den umfangsreichsten Beitrag zu diesem Genre leistete bislang ein gewisser Mischa Martini. Hinter diesem Pseudonym verbirgt sich der ehemalige Journalist und heutige Verleger Michael Weymann aus Trier. Sein Kommissar Walde ermittelt allerdings auch schon mal in der Eifel oder muss sich mit Luxemburger Kollegen auseinandersetzen.

DIE MOSEL GIBT DIE KULISSE FÜR ETLICHE KRIMINALROMANE.

BRAHMS IM KLOSTER

Ein theatralischer Lustspielabend statt mönchischer Lateinstudien und Krankenpflege, Klänge von Brahms, Mahler, Debussy, Bach, Beethoven oder renommierten Jazzkomponisten im einstigen Domizil fleißiger Zisterzienserinnen – die Mosel hat in den vergangenen Jahren nicht nur ihre Burgen, sondern auch ihre Klöster als zeitgenössische Horte von Kultur, Kunst und Kontemplation wiederentdeckt. Fast zwei Dutzend Ordensgründungen säumen die Uferhöhen zwischen Winningen und Konz – jene in Trier kommen noch hinzu.

NEUE WEGE GEHEN

Das 1623 gegründete und 1802 im Zuge der Säkularisation aufgehobene ehemalige Cochemer Kapuzinerkloster, neben der Reichsburg zweites markantes Bauwerk der Stadt, fungiert seit 2008 als Kulturzentrum. Im Barocksaal von Kloster Machern, ursprünglich eine Gründung der Benediktinerinnen, später dann Konvent der Zisterzienserinnen und adeliges Damenstift, erklingen im Rahmen des Moselmusikfestivals jeweils Konzerte international renommierter Interpreten. Gleiches gilt für die Klosterruine Stuben in Bremm. Manche Ordenshäuser erfuhren nach der Auflassung auch eine völlig neue Bestimmung: Im einstigen Franziskanerinnenkloster Filzen bei Brauneberg wurden Wohnungen, ein Heimatmuseum und das Weinkulturzentrum eingerichtet. Das liebevoll eingerichtete Heimatmuseum befindet sich im Erdgeschoss des Klosters; in einem Seitenflügel finden Weinproben und Veranstaltungen statt.

Burgen

TRUTZIGE ZEUGEN DER MACHT

Kaum eine Region Europas kann sich mit so vielen Festungsgemäuern schmücken wie das Moselland. Majestätisch und wehrhaft säumt ein gutes Dutzend die Uferhöhen.

Mit ihren spitzdachigen Türmen und Türmchen, mal eckig, mal rund, mit ihren wie angeklebte Wespennester wirkenden Fassadenerkern, ihren winzigen, von Klappläden geschützten Fensterreihen, ihren hochbrüstigen Fassaden und hochgezogenen Giebeln mutet sie an wie das Prachtexemplar eines Ritter-Baukastens. Und wenn Gewitterwolken, Blitze oder rotes Sonnenlicht ihre Silhouette hoch droben auf dem Felssporn umspielen, läuft dem Betrachter regelrecht ein Schauer über den Rücken – ob er sie nun leibhaftig vor sich sieht oder nur auf einer Fotografie: die Burg Eltz in Münstermaifeld, ca. vier Kilometer nördlich des Moselörtchens Müden, darf sich zu Recht eine der schönsten Burgen Deutschlands nennen.

ZEUGEN VON MACHTKÄMPFEN

Das Moselland mit seinen gut zwei Dutzend Festungsgemäuern ist bis heute nicht nur eine der burgenreichsten Regionen Deutschlands, sondern sogar Europas. Eindrucksvoll thronen die trutzigen Bauwerke auf den steilen Uferhängen zu beiden Seiten des Flusses. Mit ihren Wehrgängen und Aussichtstürmen, den prachtvollen Rittersälen und urigen Kellergewölben künden sie von der Zeit gräflicher Macht und herrschaftlicher Kämpfe. Denn Ruhe im politischen Sinne herrschte an der Mosel selten.

Schon die Kelten streckten begehrlich die Hand nach der Region aus, die sich geradezu als Pforte zum Westen anbot. Nach ihnen kamen die Römer und Franken, die hier siedelten. Früh schon wurden die Moselufer befestigt, Heerlager und Kastelle errichtet. Wie kein anderes Jahrhundert zuvor brachte jedoch das zwölfte dem Fluss neue, prägnante Architekturen: prächtige Klöster und Abteien, vor allem aber Burgen. Zu den eindrucksvollsten zählen, neben der Eltz, die Reichsburg Cochem (erbaut um 1100), Burg Pyrmont (Ende 12. Jh.), die Ehrenburg (um 1125), die erbaut worden war, um den Moselübergang bei Brodenbach zu bewachen. Burg Thurant bei Alken (erbaut um 1200), ebenfalls ein Schmuckstück, zählt zu den Doppelburgen und besitzt nicht nur einen Bergfried, sondern gleich zwei. Schon die Römer unterhielten auf diesem markanten Bergsporn einen Wachposten.

Fast keine der Burgen mit Ausnahme der Eltz blieb vom Zahn der Zeit verschont. Kriege, Brände, Umbauten und Zerfall verwandelten die stolzen Stätten in Ruinen. Einige jedoch wurden mit viel Geld und Mühe wieder hergerichtet.

Der Rittersaal von Burg Pyrmont (oben) dient heute als Trauzimmer. Nobel zeigt sich Burg Eltz (unten und linke Seite).

Oben: Burg Thurant besitzt gleich zwei Bergfriede.

DAS MOSELLAND MIT SEINEN GUT ZWEI DUTZEND FESTUNGSGEMÄUERN IST EINE DER BURGENREICHSTEN REGIONEN IN GANZ EUROPA.

Reichsburg Cochem lädt zur mittelalterlichen „Gasterey" (oben).
Einen schönen Blick auf den Hunsrück bietet die Ehrenburg (unten).

EINLADUNG ZUM RITTERMAHL

Dem heutigen Besucher präsentieren sich viele der wehrhaften Bauten nicht nur als architektonische Zeugnisse einer jahrhundertealten Geschichte, teils sogar mit liebevoll arrangierten kleinen Museen, sondern auch als Orte der Labsal und des längeren Verweilens: Denn in vielen wird ein Restaurant, ein Café, eine Schänke, eine schlichte Pension oder ein edles Hotel betrieben, oder sie öffnen den Weinkeller für Degustationen und richten in ihren Mauern ein zünftiges Rittergelage aus, laden zu Grillfesten oder Winzeressen. Die Reichsburg Cochem inszeniert beispielsweise eine mittelalterliche „Gasterey nach Art der alten Rittersleut". „Mägde" und „Knechte" in historischen Gewändern servieren Brot, Käse und Schmalz, deftige Suppen aus dem Kessel oder Keulen vom Grill, musikalisch untermalt mit Laute und Gesang. Auch die Burg Eltz lässt ihre Besucher nicht darben, sei es in der „Unterschänke" in der romanischen Säulenhalle oder in der „Oberschänke" am Burgbrunnen und im Goldschmiedehäuschen.

Auf einen Blick

Burg Eltz – Führungen durch Burg und Schatzkammer, mit Bewirtschaftung (Infos S. 54, www.burg-eltz.de)

Burg Arras – Museumsräume, kleines Hotel mit Zimmern im historischen Stil, im Restaurant mit einheimischen Gerichten, Aussichtsterrasse (Infos S. 73, www.arras.de)

Alte Burg von Longuich – seit sieben Generationen bewohnt von der Familie Mertes, die deftige (Winzer)Kost anbietet (Tel. 06502/55 87, www.alteburg-longuich.de)

Ehrenburg – jeden Sonntag historisches Treiben mit Markt und Handwerksvorführungen; 13 individuelle Kemenaten (Infos S. 54, www.ehrenburg.de)

Reichsburg Cochem – Führungen und mittelalterliche Gasterey in Ritterkostümen (Infos S. 55, https://reichsburg-cochem.de)

Zu den Auflagen des Wiederaufbaus der in ihrem Ursprung bis ins 12. Jahrhundert zurückreichenden Reichsburg Cochem gehörte der Erhalt noch stehender Ruinenreste. Das Ergebnis ist allerdings vor allem ein Ausdruck der Burgenromantik des 19. Jahrhunderts.

Maßstab 1:200.000
0 2 4km
ANDERNACH
NEUWIED
BENDORF
WEISSENTHURM
MENDIG
MAYEN
KOBLENZ
POLCH
MÜLHEIM-KÄRLICH
Ochtendung
Kottenheim
Niederzissen
Burgbrohl
Laacher See
Winningen
Dieblich
Kobern-Gondorf
Münstermaifeld
KAISERSESCH
Karden
Treis-Karden
Moselkern
Burg Eltz
Alken
Brodenbach
BOPPARD
EMMELSHAUSEN
RHENS
Waldesch
COCHEM
Klotten
Beilstein
Bremm
Ediger-Eller
Bullay
Alf
ZELL (Mosel)
KASTELLAUN
Beltheim
SIMMERN
Moselschiefer-Straße
Deutsche Vulkanstraße
Rheinischer Sagenweg
Moselweinstraße
Hunsrückhöhenstraße
Deutsche Alleenstraße
Rhein
Mosel
1
2
3
4
5

WEINTERRASSEN, BURGEN UND EIN TECHNIKGENIE

Sonnenwarme Schieferhänge, die für ein optimales Traubenklima sorgen, Rittersitze, Kirchen und Schlösser, dazu Zeugnisse aus keltischer und römischer Zeit – an der Untermosel kommen Augen und Gaumen auf ihre Kosten.

1 Winningen

Zwei Legenden trugen den Ruf von Winningen (ca. 2500 Einw.) in die Welt: jene der Weinhex', die sich heute in der gleichnamigen Reblage manifestiert, und jene aus Fleisch und Blut namens August Horch, Gründer der Automobilmarke Audi (s. S. 39).

Winningen: Gute Stimmung beim Moselfest. Die Hexe auf dem Marktbrunnen erinnert an die Hexenverfolgung.

SEHENSWERT

Von schmucken Fachwerkhäusern umstanden, bildet der **Markt/Weinhof** das Herz des 865 als Windiga erstmals urkundlich erwähnten Ortes. Hier steht auch die Brunnenstatue der auf einem Besen reitenden Weinhex'. Anders als der Volksmund es oft kundtut, verkörpert sie keine garstige Weindiebin, sondern ist eine mahnende Erinnerung an die Hexenverbrennungen, bis ins 17. Jh. auf dem Heideberg durchgeführt. Ein Gedenkstein erinnert dort an das Schicksal der Frauen. Die dreischiffige Pfarrkirche stammt in ihren ältesten Teilen aus dem 12. Jh. In der **Fährstraße** fällt der ehemalige Amtssitz der Vögte der Markgrafen von Baden auf, ein stattliches Haus mit Walmdach, das mitsamt zugehöriger Kellerei später in den Besitz der Grafen von Eltz kam, die es dann 1804 an verschiedene Winninger Bürger verkauften. Hier steht an der Nr. 19 das Elternhaus des Automobilpioniers August Horch (1868–1951); heute eine Pension (s. S. 20). Von der Ortsbefestigung des 16. Jh. mit ursprünglich sechs Toren ist noch das Horntor erhalten. Fachwerkhäuser, z.T. mit Kern aus dem 15. Jh., und Weinhöfe aus dem 19. Jh. lassen sich u.a. auch in der **Bachstraße** entdecken, villenartige Winzerhäuser in der **Bahnhofstraße**.

MUSEUM

In der denkmalgeschützten Alten Schule (19. Jh.) ist heute das **Museum Winningen** untergebracht mit Exponaten zum Weinbau, zur Ortsgeschichte und zu August Horch (Schulstr. 5, Mai–Okt. Sa., So. 14.00–17.00 Uhr und n. Vereinb., Führungen, www.museum-winningen.de).

VERANSTALTUNGEN

Beim **Steillagen-Weinfest** (Mitte/Ende Mai) bieten Winninger Winzer und Wirte Köstlichkeiten aus Küche und Keller in den Weinbergterrassen an. Das **Moselfest** (letztes August- bis erstes Septemberwochenende) gilt als das älteste Winzerfest Deutschlands. Nicht Wein, sondern Kunst steht im Fokus der **Kunsttage** (1. oder 2. Wochenende im Mai, nächster Termin 2026), an denen moderne Kunstobjekte international renommierter Künstler an unterschiedlichen Orten in Winningen gezeigt werden (www.kunsttage-winningen.de).

Tipp

Rundgang mit Stiftsherr

Gehrock und gepuderte Zopfperücke, Schnallenschuhe und Spitzenjabot – die Söhne der Adeligen, die bis Anfang des 19. Jh. im Kardener Stift lebten, trugen teure Kleider statt schlichter Mönchskutten – und genossen dazu noch viele weitere Privilegien im Ort. Vom Alltag und Erbe der Stiftsherren, aber auch von der Karder Brenntradition erzählt ein „Stiftsherr" des 21. Jh. – gewandet wie seine historischen Brüder. Probiert werden darf am Ende der Führung im Stiftsherrenkeller natürlich auch.

INFORMATIONEN UND BUCHUNG
Weinhaus Hambrech, Treis-Karden
Tel. 02672/16 56
www.weinhaus-hambrech.de

INFORMATION
Tourist-Info im Rathaus
August-Horch-Str. 3, 56333 Winningen
Tel. 02606/22 14, www.winningen.de

❷ Kobern-Gondorf

Der Doppelort (ca. 3200 Einw.) mit der heute einzigen Wasserburg der Mosel entstand an einer alten Römerstraße. 1969 schlossen sich die Orte Kobern und Gondorf zusammen.

SEHENSWERT
Vom Kobener **Marktplatz** sind es nur wenige Schritte zum Haus Simonis (1321), ursprünglich der Hof des Trierer Stifts St. Marien und wohl ältester originaler Fachwerkbau der Mosel (Kirchstr.1). In der Petersstraße steht das **Burghaus** der Herrn von Kobern, ein mehr als 500 Jahre alter Wohnturm. Vom Marktplatz führt ein steiler Fußweg hinauf zur Ruine Niederburg und zur **Oberburg**, Stammsitz der Herren von Kobern. An ihrer Turmseite steht die romanische **Matthiaskapelle**; eines der schönsten Baudenkmäler der Mosel-Rheinregion (Palmsonntag bis Allerheiligen. So., Fei. 11.00–17.00 Uhr). Ursprünglich wurde in ihr das angebliche Haupt des Apostels Matthias aufbewahrt, das Heinrich II. von Isenburg-Kobern im 14. Jh. vom Kreuzzug mitbrachte. Die einzige Wasserburg der Mosel, **Schloss von der Leyen**, wurde als Oberburg von Gondorf 1272 erstmals erwähnt; ab 1560 gestalteten die Fürsten von der Leyen sie zu ihrem Schloss um. Anfang des 19.Jh. erneut umgebaut, birgt das Gebäude u.a. ein Weinmuseum (Mai–letzter So. im Okt. Sa. 11.00 bis 14.00, So. 14.00–16.00 Uhr).

HOTEL/RESTAURANT
€€€€ Alte Mühle Thomas Höreth, Mühlental 17, Tel. 02607/64 74, www.thomashoereth.de. Acht romantische Zimmer und zwei Dorfhäuschen; zur Anlage gehört auch ein verwinkeltes Weinstubenrestaurant.

UMGEBUNG
Doppelt so groß wie Stonehenge ist die keltische Kultstätte Goloring bei Wolken – allerdings ohne Megalithbauten. Man erreicht sie über den Koberner Burgpfad (17 km) oder den keltischen Rundwanderweg ab **Wolken** (7 km). Überragt von der mächtigen, nach einem Kreuzzug von Pfalzgraf Heinrich 1197 zum Gedenken an die vergebliche Belagerung der Syrerfestung Thuron erbauten Burg Thurant (Mai bis Mitte Okt. tgl. 10.00–18.00, März, April, Mitte–Ende Okt. bis 17.00, 1.–15. Nov. bis 16.00 Uhr, Mitte Nov.–Ende Feb. geschl., www.thurant.de) liegt das reizvolle **Alken** (7 km südl.). Im Ortskern sind noch Reste der Stadtbefestigung erhalten. Bei **Brodenbach** (10 km südl.) erhebt sich auf einem Felssporn die teilrestaurierte mittelalterliche **Ehrenburg** (Frühlingsanfang bis Allerheiligen Mo.–So. 11.00 bis 17.00 Uhr, Gastronomie und Übernachtungen, www.ehrenburg.de).

Tipp

Moselaal kosten

Appetitlich und akkurat ausgerichtet liegen sie auf Blechen mit weißem Papier: die geräucherten Moselaale von Christoph Barden. Der kleine Verkaufsraum steht an der Schleuse Müden bei Treis. Mit seiner Familie betreibt der Fischwirtschaftsmeister auch eine eigene Zucht, u.a. für Forellen.

WEITERE INFORMATIONEN
Moselwehr 5, Müden
Tel. 02672/71 37

Cochem: Weinkauf im urigen Gewölbekeller des Weinguts Weiskopf nahe der Reichsburg, Bootstour mit Aussicht auf die Burg.

INFORMATION
Touristikbüro, Lennigstraße 12–14
56330 Kobern-Gondorf, Tel. 02607/10 55
www.koberngondorf.de

❸ Burg Eltz

Bei Münstermaifeld thront auf einem Fels die Burg Eltz **TOPZIEL**. Die berühmte Bilderbuchfeste zählt zu den wenigen Burgen, die nie erobert wurden.

SEHENSWERT
Erbaut im 10. und 11. Jh., wurde Burg Eltz im 19. Jh. umfassend restauriert. Bis zu 45 m ragen die **Wohntürme** auf. Hauptattraktion sind die Schauräume und Rittersäle, allen voran die **Schatzkammer**. Mehr als 500 Exponate, darunter Meisterwerke der Gold- und Silberschmiedekunst, werden hier gezeigt (24. März–1. Nov. tgl. 9.30–17.30 Uhr). Die Burg zierte den alten 500-DM-Schein.

INFORMATION
Gräflich Eltz'sche Kastellanei, Burg Eltz 1
56294 Wierschem, Tel. 02672/95 05 00
www.burg-eltz.de

❹ Treis-Karden

Unübersehbar beherrscht der weiße „Moseldom" St. Castor das Bild des Doppelorts (ca. 2200 Einw.) mit seinen Fachwerkbauten und typisch moselländischen Bruchsteinhäusern.

SEHENSWERT
Hauptattraktion ist die reich ausgestattete, ehemalige Stifts- und heutige **Pfarrkirche St. Castor** in Karden. Chor und Querschiff zeugen noch von ihrem romanischen Ursprung. Altarschrein, Haupt- und Seitenschiffe sowie der erhaltene Südflügel des Kreuzgangs stammen aus der Gotik. Der Westturm erhielt Ende des 17.Jh. zwei weitere Geschosse sowie seinen barocken Helm. Im **Stiftsbezirk** erhalten ist ein Ensemble romanischer Bauten mit dem „Korbisch" (Verballhornung von Chorbischof), dem ehem. Wohngebäude des Propstes. Gotische Fresken in der ehem. Stiftsschule Karden zeigen die Sage von Heinrich dem Löwen.

MUSEUM
Im renovierten Zehnthaus (1238) ist das **Stiftsmuseum** untergebracht. Die Sammlung im einstigen Speisesaal der Stiftsherren umfasst Funde aus keltischer, römischer und fränkischer Zeit sowie Kunstschätze des Kollegiat-Stiftes St. Castor (Martberg, Castorstr. 2, Mai bis Okt., Fr.–So. 15.00–17.30 Uhr).

HOTEL/RESTAURANT
In der rustikalen **€–€€ Winzerwirtschaft Castor** des Wein- und Sektguts mit neu errichteter Weinstube (Hauptstr. 36, Tel. 02672/16 66, www.castorwein.de) gibt es auch Gästezimmer und Apartments.

UMGEBUNG
Bei **Roes** (9 km nördl.) liegt im Tal des Elzbachs die Ruine der Burg Pyrmont (bewirtschaftet, Besichtigung Mitte Mai–Anfang Okt. So., Fei. 10.00–16.00 Uhr). Der **Archäologiepark Martberg** zwischen Pommern und Karden bietet die Rekonstruktion einer keltischen Stadt und eines auf ihren Mauern errichteten römischen Tempelbezirks (Mai–Okt. Fr.–So., Fei. 11.00 bis 17.00 Uhr, www.martberg-pommern.de; Café). Über den teils recht steilen Lenus-Mars-Weg (5 km, Tempelsymbol) kann man den Martberg von Karden oder Pommern aus erwandern.

INFORMATION
Tourist-Information, St.-Castor-Str. 87
56253 Treis-Karden, Tel. 02672/9 15 77 00

❺ Cochem

Als Villa cuchema im Jahr 866 erstmals erwähnt, entwickelte sich die von der Reichsburg überragte Stadt (5300 Einw.) ab dem 19. Jh. vom Handwerks- und Handelszentrum zur wichtigsten Tourismusadresse der Untermosel.

SEHENSWERT

Von der Moselpromenade sind es nur wenige Schritte zum **Marktplatz** mit dem 1739 im Barockstil erbauten Rathaus, dem Martinsbrunnen, der Martinskirche mit ihrer barocken Turmhaube und den Fachwerk-Giebelhäusern, die auch die umliegenden, bergwärts führenden Gassen säumen. In der Obergasse zeugen der **Wehrturm** mit **Balduinstor** ebenso von der historischen Stadtmauer wie das **Enderttor** mit der Torwächter-Wohnung von 1332 und das **Burgfrieden-Tor.** Parallel zur Gasse Am Balduinstor erhebt sich der vom Markt über einen Treppenweg erreichbare Klosterberg mit dem um 1630 erbauten **Kapuzinerkloster** (Kulturzentrum).

Auf dem Burgberg gegenüber thront als wichtigste Attraktion der Stadt und ihrer Umgebung die majestätische **Reichsburg**. Um das Jahr 1000 erbaut, 1151 von den Staufern zur Reichsburg erhoben, wurde sie 1689 von den Franzosen zerstört und 1874–1877 neu errichtet (Mitte März–Anf. Nov. tgl. 9.00–17.00 Uhr, für die übrigen Monate Infos unter https://reichsburg-cochem.de). Westlich am Burgberg erinnert die St. Rochus-Kapelle an die Pestjahre 1423–1425.

Vom Beginn des modernen Industriezeitalters kündet der 1877 eröffnete **Kaiser-Wilhelm-Tunnel** (s. S. 43). Seit 2016 kann der historische **Bundesbankbunker** bei einer Führung besichtigt werden (tgl. geöffnet, Führungen unter www.bundesbank-bunker.de; s.a. S.21). Im **Edelsteinmuseum** gibt es Exponate aus aller Welt zu bestaunen (Unterbachstr. 5, nur Führ., Apr.–Okt. Mo.–Fr. 10.00–18.00, So. 10.00 bis 17.00 Uhr, März, Nov., Dez. Mo.–Sa. 10.00 bis 17.00 Uhr).

FESTE

Cochem feiert jedes Jahr das **Blütenfest des Roten Mosel-Weinbergpfirsichs** (2. Wochenende im April) und das **Burgfest auf der Reichsburg Cochem** (1. Aug.-Wochenende).

HOTEL

€€€ Villa Vinum Moselstr. 18, Tel. 02671/9 16 54 45, www.villa-vinum-cochem.de. Die großzügigen Zimmer liegen in einem denkmalgeschützten Jahrhundertwendebau.

UMGEBUNG

Im ehemaligen Fischerdorf **Cond** steht unterhalb der Moselbrücke die noch aktive Historische Senfmühle (Endertstr. 18, tgl. 10.00–18.00 Uhr, www.senfmuehle.net). Zum Aussichtspunkt **Pinnerkreuz** (238 m) fährt ein Sessellift mit Bubble-Kabinen (Ende März–Mitte Nov., tgl. ca. 10.00–18.00 Uhr, www.cochemer-sesselbahn.de). Von der Bergstation sind es 15 Min. zu Fuß zum Wild-und Freizeitpark Klotten (www.klotti.de). Über dem **Endertbachtal** (ca. 4 km) erhebt sich die Ruine der Winneburg (13. Jh.) mit phänomenalem Blick ins Moseltal.

INFORMATION

Tourist-Information Ferienland Cochem
Endertplatz 1, 56812 Cochem
Tel. 02671/6 00 40, www.cochem.de

JA NATÜR LICH

BRÜCKE FÜR WAGEMUTIGE

Schwindelfrei sollten Sie schon sein, wenn Sie sich auf die 100 m hohe Hängeseilbrücke ***Geierlay*** **TOPZIEL** bei Mörsdorf im Hunsrück, 10 km südlich von Treis-Karden, wagen! Und starke Nerven sollten Sie auch haben! Es vibriert und schwingt leicht beim Gang ans andere Ende der Brücke!

Von Treis-Karden aus lässt sich die Hängeseilbrücke schön mit dem Fahrrad erreichen. Allerdings ist dafür eine gute Kondition erforderlich, denn Geierlay liegt rund 230 m höher als Treis-Karden (89 m). Der im Moselort ansässige Fahrradverleih Leister hat aber auch E-Bikes im Angebot. Und mit dem Fahrrad dürfen Sie hoch zur Brücke und über die Brücke, während Autofahrer von den gebührenpflichtigen Parkplätzen noch ein gutes Stück zu Fuß zurücklegen müssen. Vom Parkplatz des Besucherzentrums sind es rund 1,8 km über Feldwege zur Brücke.

Eröffnet wurde die Hängeseilbrücke zwischen den Ortsgemeinden Mörsdorf und Sosberg am 3. Oktober 2015. Sie ist 360 m lang und 1,44 m breit; die Breite der Lauffläche beträgt 0,88 m. Bis zur Eröffnung der 483 m langen Titan RT an der Rappbodetal-

Nur Mut: Adrenalin pur!

sperre im Harz 2017 galt Geierlay als die längste Fußgängerhängebrücke Deutschlands. Sie überquert das Mörsdorfer Bachtal und wurde nach nepalesischem Vorbild konstruiert. Ihr Name stammt von einem nahen Felsabhang namens Geierslay, wo viele Greifvögel leben. Die Brücke kann kostenlos begangen werden und ist ganzjährig geöffnet. Trauen Sie sich! Das ist Adrenalin pur! Der Blick ins Tal und auf die Hügel ist einfach spektakulär! Einkehrmöglichkeiten finden Sie hernach am Besucherzentrum Mörsdorf sowie in Mörsdorf selbst und in Sosberg.

Fahrradverleih Leister: St. Castorstraße 23
56253 Treis-Karden, Tel. 02672/9 15 97 80
Hängeseilbrücke Geierlay: Besucherzentrum Mörsdorf: Ostern bis Okt. tgl. 10.00–16,00, Nov.–Ostern Do.–So. 10.30–15.00 Uhr
https://geierlay.de
Achtung: Rund um die Brücke gibt es keine sanitären Einrichtungen (Toiletten). An Wochenenden und Feiertagen kann an und auf der Brücke Hochbetrieb herrschen.

mittelmosel

*

EIN ALPINES REBGELÄNDE

*

Alles dreht sich um den Wein zwischen dem romantischen Beilstein und Neumagen-Dhron, wo der Nachbau eines römischen Weinschiffs ankert. Die Flussufer sind ein gutes Terrain für engagierte Visionäre aus Architektur, Bootsbau, Tourismus, Winzertum, Philosophie und Naturwissenschaften.

Die gewaltige Formkraft des Wassers schuf mit der Moselschleife bei Bremm eine atemberaubende Szenerie.

Beilstein ist so gut erhalten, dass der gesamte Ort unter Denkmalschutz gestellt wurde. Am Fuß der Treppe warten Erfrischungen in der Winzerschenke (ganz oben). Auch in den Gewölbekellern der Altstadt (rechts) und im Restaurant Haus Burg Metternich ist den Gästen ein guter Trunk sicher (oben).

Ein gemütlicher Spaziergang durch die Weinberge führt hinauf zur Burgruine Metternich oberhalb von Beilstein. Das idyllische 140-Seelen-Dorf, das sich gerne „Dornröschen an der Mosel" nennt, diente schon oft als Filmkulisse.

DER BRITISCHE KÖNIG EDUARD VII. PFLEGTE MOSELWEIN VOM DOCTORBERG ALS „MEDIZIN" ZU TRINKEN.

Würzgarten, Himmelreich, Sonnenuhr, Kranklay oder gar Nacktarsch – woher stammen solche Bezeichnungen für einen Wein? Den mitunter so phantasievoll anmutenden Lagennamen, die seit alters her dazu dienen, die zahllosen, oft ohne sichtbare Grenze miteinander verzahnten Weinbergparzellen kenntlich zu machen, liegt meist die Natur zugrunde. Lay oder ley (von altgriechisch läas = Stein) etwa bezieht sich auf die Bodenbeschaffenheit, d.h. den Schieferstein an den Moselhängen. Krank hingegen hat nichts mit Ungeziefer auf den Reben zu tun, sondern ist eine Verballhornung des römischen grande (= groß).

SONNENUHREN AM MOSELHANG

Auch Aussehen und Umgebung der Parzellen standen oft Pate bei den Lagennamen. So war es in den Weinbaugemeinden im Mittelalter durchaus üblich, einen Gewürzgarten anzulegen, um Gewürzweine herzustellen. Und ab dem 16. Jahrhundert ließen die Kirchenvertreter, denen das Privileg der Zeitmessung zukam, riesige Sonnenuhren an den Moselhängen errichten. Sie dienten u.a. zur Stundenabrechnung mit den Fronherren, für die die Weinbauern arbeiteten. Die ungewöhnliche Bezeichnung „Nacktarsch" hat ihren Ursprung wohl im keltischen Wort nackars bzw. im Altdeutschen nuck – beides bedeutet felsige Erhöhung. Die auf Etiketten zu findende Darstellung eines Winzers, der einem kleinen Weindieb den Hintern versohlt, ist Folklore. Nicht eindeutig geklärt ist die Herkunft des Namens Doctorberg. Seine erste urkundliche Erwähnung erfolgte erst im Jahr 1677. Damals erbte den Hang der Geistliche Rat Dr. Heinrich Linden. Belegt ist allerdings, dass König Eduard VII. von Großbritannien den Wein dieser Lage als „Medizin" trank.

EUROPAS STEILSTER WEINBERG

Calidus mont – wörtlich: heißer Berg – nannten die Römer jenen knapp 300 m hohen Hang aus Grauwacke und Schiefer an der Flussschleife bei Bremm, der bereits vor 400 Millionen Jahren entstand und heute als Europas steilster Weinberg gilt. Vielleicht brachte die gut 60%ige Neigung des Calmont schon die antiken Weinbauern ins Schwitzen; vielleicht ist die „hitzige" Bezeichnung aber auch der Tatsache geschuldet, dass die Sonnenstrahlen durch den besonderen Hangwinkel sehr lange eingefangen werden und somit lange für hohe Bodentemperaturen sorgen. Die Einheimischen sagen übrigens meist „Kallberg" zu ihrer berühmten Höhe, auf der neben Reben auch Berberitze und Buschwindröschen,

Abendsonne taucht das Dorf Lieser in zauberhaftes Licht. Die Mosel schafft hier ideale Südhänge.

In der Moselschleife bei Bremm kündet die Ruine Stuben von 600 Jahren Klostergeschichte.

Der Calmont, steilster Weinberg Europas, zwingt Winzer und Wanderer zu Höchstleistungen.

Seit 500 000 Jahren formt die Mosel die Landschaft und hat zahlreiche Steilwände aus dem Gestein gegraben – zur Freude der Abenteuerlustigen.

Knoblauchsrauke, Mauerpfeffer, Felsenkirsche und seltene Storchschnabelarten wachsen. Schmetterlinge wie das kolibrigleiche Taubenschwänzchen und der sehr seltene, rot getupfte Apollofalter lieben den Steilhang ebenfalls. Für die Winzer indes bedeutet der Calmont Arbeit unter nahezu alpinen Bedingungen. Maschinen können auf den fast senkrecht abfallenden Terrassen kaum eingesetzt werden; die gesamte Rebpflege ist somit Handarbeit.

DIE KATZE ALS WEINTESTER

Ähnliches gilt in den Steillagen von Zell. Aber trotzdem stehen um die Stadt rund vier Millionen Rebstöcke – darunter auch jene der Großlage „Schwarze Katz'". Um deren Namen ranken sich gleich mehrere Legenden. Die „offizielle" erzählt vom Jahr 1863, als sich drei Aachener Weinhändler nach einer ausgiebigen Weinprobe nicht einigen konnten, welches der drei in die engere Auswahl gezogenen Fässer nun das beste sei. In diesem schwierigen Moment kam die Frau (nach anderen Quellen: die Schwester) des Winzers in den Keller, um eine Brotzeit zu reichen. An die Beine der Frau schmiegte sich eine schwarze Katze. Plötzlich sprang das Tier auf eines der drei Fässer und fauchte jeden an, der sich dem Behältnis nähern wollte.

Special

Trithemius

Ein heimatverbundener Humanist

Trittenheims gelehrter Sohn

„Abt und Humanist" steht in schlichten Lettern auf der Gedenktafel an dem Winzerhaus im Herzen von Trittenheim, in dem am 1. Februar 1462 Johannes Zeller das Licht der Welt erblickte.

Bald indes zog es den Knaben fort aus dem kleinen Moselort, zu theologischen Studien in Heidelberg und mit zwanzig Jahren dann ins Benediktinerkloster nach Sponheim. Spätestens dort, an der Nahe, nannte sich der Gelehrte Trithemius (latinisiert nach seinem Heimatort) und wählte als Wappensymbol eine Traube – schließlich war auch die neue Heimat ein Weinbaugebiet. Seine Verbundenheit mit der Reblandschaft seiner Vorfahren aber stand stets an erster Stelle, wie man den eigenen Worten des Humanisten entnehmen kann: „Die Fremde habe ich zu verherrlichen gesucht, aber kein Königreich, keine Provinz, keine Stadt, mehr als meine Heimat das Moselland ...". Trithemius starb 1516 in Würzburg, wo er sich als Abt neben literatur- und heimatgeschichtlichen Studien auch der Alchimie gewidmet hatte. Zu seinen Hauptwerken gehört ein Nachschlagewerk über „die kirchlichen Schriftsteller" und der Katalog der berühmten Deutschen – die ersten Biografien überhaupt in der Geschichte der Literatur.

Rokokokirche St. Michael in Piesport: Die Deckenmalereien aus dem Jahr 1778 werden auch „Piesporter Himmel" genannt.

Verbunden in der Farbgebung: Torpfeiler und Turmportal von St. Michael in Piesport bilden mit dem gegenüberliegenden Haus ein harmonisches Ensemble.

Etwa eine halbe Stunde Fußweg trennt Trarbachs Ortsmitte von der Ruine Grevenburg. Der Lohn für den steilen Aufstieg sind die Aussicht und der Besuch der Burggaststätte.

Die Pfarrkirche St. Laurentius in Bremm wurde 1895 neugotisch erweitert. Der Turm geht jedoch noch auf die Zeit um 1200 zurück, und der Altar wird ins 17. Jh. datiert.

Schnell entschied sich daraufhin das Trio für das von dem Vierbeiner so heftig verteidigte Fuder. Kurze Zeit später kamen die Händler wieder: Ihr Zeller Wein hatte reißenden Absatz gefunden. Und bald darauf benannten die Zeller ihre Weine aus den Lagen „Kapertchen" und „Petersborn" werbewirksam nach der „Schwarzen Katz'".

VISIONÄR MIT FAHRRAD

Mit winkend erhobener rechter Hand grüßt der Mann lächelnd all jene, die an dem kleinen Wasserbecken vorübergehen. Seine linke hält den Fahrradlenker. Der Mann trägt Anzug und Krawatte. Seine schlanke Figur samt Gefährt stehen auf einem filigranen Sockel, basaltgrau wie das gesamte Skulpturenensemble. Es scheint fast zu schweben vor der schneeweißen Mauer, aus der es ragt. Der Ernst-Wilhelm-Spies-Brunnen in Traben erinnert (wie die Allee gleichen Namens) an den ersten Tourismus-Visionär der Stadt. Doktor Spies (1898–1975) ließ anhand von Originalplänen aus Pariser Archiven in den 1930er-Jahren auf dem Mont Royal erste Ausgrabungen durchführen, um die Stätte dem Fremdenverkehr zu erschließen. Später gründete er im ehemaligen Haus Böcking, dem Sitz einer reichen Patrizierfamilie, zu deren Gästen unter anderem Geheimrat Goethe zählte, das Mittelmoselmuseum.

NACH BORDEAUX GALT TRABEN-TRARBACH EINST ALS DER ZWEITGRÖSSTE WEINHANDELSPLATZ EUROPAS.

WEIN VOR HEILWASSER

Nachdem man beim Erzabbau im Grüntal auf eine Thermalquelle gestoßen war, hatten die Trabener schon Ende des 19. Jahrhunderts ein erstes Badehaus gebaut und um 1900 auch ein erstes Kurhaus im

Es muss nicht immer ein Wein sein:
Kaffeepause in den Rebbergen bei Longuich.

Viele alte Weinbergterrassen wurden abgeräumt zugunsten moderner Rebanlagen wie hier in Ürzig.
Mit den Terrassen verschwanden viele der in ihnen lebenden Tiere und Pflanzen.

In der Weinlage „Ürziger GeWürzgarten“ prangt die wohl älteste Sonnenuhr der Mosel.

Heute sind solche Sonnenuhren in Ürzig und anderswo freilich längst überflüssig geworden – der moderne Winzer trägt natürlich Armbanduhr.

heutigen Ortsteil Bad Wildenstein. Aber man musste nicht um Badegäste oder andere Urlauber buhlen. Der Weinhandel hatte die Stadtsäckel der protestantischen Enklave im katholischen Moselland prall gefüllt. Nach Bordeaux galt Traben-Trarbach damals als zweitgrößter Weinhandelsplatz in Europa. Sogar Kunden in Amerika standen auf den Exportlisten. „Es lagern in den Kellereien über 15 000 Fuder. 1899 wurden mit Bahn und Schiff 18 000 Fuder versandt.“, heißt es in einem Reiseführer von 1902.

ATTRAKTIV FÜR BANKER

Dieser Reichtum durch den Umschlag von Wein, gepaart mit dem Handel mit Rosinen, zog nicht nur bereits 1907 die preußische Landeszentralbank nach Traben-Trarbach, sondern manifestierte sich auch in reger Bautätigkeit. Die Serie begann mit dem Trabener Rathaus. Bald darauf folgten das Kaiserliche Postamt, das „Winzereck“ mit Hotel und Loretta-Haus, der neue Bahnhof, das „Kur- und Logierhaus Wildenstein“. Auch eine Reihe vornehmer Villen wie jene der Familie Breucker und die Weinkellerei Julius Kayser bereicherten das Stadtbild. Verantwortlich für viele dieser Jahrhundertwende-Bauten zeichnete ein gewisser Bruno Möhring, Planer u.a. der Berliner Hochbahnstation Bülowstraße. Der preußische Architekt hatte bei der Ausschreibung um den Entwurf für eine Brücke zwischen Traben und Trarbach den Zuschlag erhalten für seine vierteilige Stahlbogenkonstruktion. Das Ergebnis begeisterte und zog weitere lokale

TRABEN-TRABACH, DIE PROTESTANTISCHE ENKLAVE IM KATHOLISCHEN MOSELLAND

Aufträge nach sich. Etwa die Villa Huesgen, für die Möhring schon 1904 einen Garten-Pool und ein Privattheater vorsah. Oder den Neubau des abgebrannten Hotels „Clauss-Feist“ (heute „Bellevue“) am Trabener Moselufer. Wie bei den Villen entwarf Möhring hier nicht nur das Äußere, sondern übernahm auch die Innengestaltung. Einige Zimmer stattete überdies der Darmstädter Jugendstilkünstler Joseph Maria Olbrich aus.

PHILOSOPH VON DER MOSEL

„Wir nehmen an, kein Stern sei unbewohnt.“ Eine kühne These – zumal im frühen 15. Jahrhundert. Formuliert und niedergeschrieben hat diese Nikolaus Gryfftz aus Kues, später bekannt als Nicolaus Cusanus. Einer wohlhabenden Kaufmannsfamilie entstammend, studierte der aus heutiger Sicht wohl berühmteste Philosoph seiner Zeit in Heidelberg, Padua und Köln, promovierte zum Doktor kanonischen Rechts und machte als Akteur auf der kirchenpolitischen Bühne Furore: als Konzilstheoretiker, als Kardinal, als Fürstbischof und päpstlicher Legat. Mit diplomatischem Geschick stritt er für die Einheit und Erneuerung der Kirche, beschäftigte sich in diesem Zusammenhang auch eingehend mit den Weltreligionen, vor allem mit dem Islam, dessen Legitimität er propagierte. Zudem befasste sich Cusanus intensiv mit mathematisch-naturwissenschaftlichen Problemen. So lehrte er z.B. als Erster die Unendlichkeit des Kosmos – und leitete damit über zur mathematischen Wissenschaft der Neuzeit. Die Erde, so behauptete der Moselaner Theologe kühn, könne nicht der Mittelpunkt des Weltalls sein, denn ein unendlicher Raum besitze keinen Mittelpunkt. Erst hundert Jahre später sollte die für die damalige Welt unerhörte Ansicht des Nikolaus von Kues bestätigt werden – durch

Kurze Pause in den Gassen von Bernkastel-Kues. Die Stadt setzt sich aus fünf Ortsteilen zusammen, deren bekanntester Wehlen sein dürfte. Denn die „Wehlener Sonnenuhr" gehört zu den ganz großen Weißweinlagen an der Mosel.

Seit 1606 ziert der Michaelsbrunnen den Marktplatz von Bernkastel.

Erinnerung an unsichere Zeiten: Der Turm der St. Michaelskirche diente einst auch als Wehrturm in der Stadtmauer, die Bernkastel schützend umgab.

»WIR NEHMEN AN, KEIN STERN SEI UNBEWOHNT.«

Nikolaus Cusanus aus Kues

Kopernikus. Die „Jagd nach der Weisheit“ war stets Cusanus' Antriebsfeder; zeitlebens dachte der Universalgelehrte aus Kues über Themen wie die Stellung des Menschen in der Welt, die Bedeutung der Vielfalt der Weltdinge oder die menschliche Erkenntnisfähigkeit nach.

EINE WEHRHAFTE GRÄFIN

„Das Grauen der Geschichte deckt manchen Edelstein. Enthüllt strahlt er im Lichte von neuem hell und rein.“ Weithin leuchtet die Inschrift an der Fassade des Trabener Loretta-Hauses. Hermann Falkenhagen, im späten 19. Jahrhundert Bürgermeister der Moselgemeinde, stellte diese Zeilen einst als Widmung seiner Erzählung „Loretta“ voran. Wer aber war diese Frau? Loretta von Sponheim-Starkenburg, eine geborene zu Salm, lebte nach dem Tod ihres Mannes Johann mit ihren Kindern auf der Starkenburg. Der Legende nach hatte der Trierer Erzbischof Balduin ein Auge auf die junge Witwe geworfen. Tatsächlich begegneten sich die beiden – doch nicht als Liebende, sondern als Widersacher. Laut Chronik geschah es 1327. Der expansionssüchtige Kirchenmann trachtete bereits seit längerem danach, das Kurfürstentum Trier kräftig auszuweiten. Die Hintere Grafschaft Sponheim stellte sich diesen Plänen freilich buchstäblich in den Weg. Nach dem Ableben des Grafen indes schien Balduin die Gelegenheit günstig. Tatsächlich willigte Gräfin Loretta zunächst ein, die Fehde auszusetzen. Doch Balduin trieben seine Pläne weiter um. Er wollte freie Fahrt auf der Mosel. Drei Jahre nach dem Waffenstillstand versuchte er mit seiner Barke einfach vorbeizugleiten an der Starkenburg. Doch solch einen Rechtsbruch konnte die Burgherrin nicht dulden. Eine quer über den Fluss gespannte Eisenkette stoppte Balduins Boot abrupt, und der Erzbischof wurde gefangen genommen. Erst wenn er die Sponheimer Rechte anerkenne und eine gebührende Entschädigung zahle, lasse sie ihn wieder frei, beschied Loretta. Nach geraumer Zeit gab der Erzbischof nach.

DIE RACHE DES BISCHOFS

Doch Balduin wusste sich zu rächen: Es dauerte nicht lange, und der Papst verhängte über Gräfin Sponheimer den Kirchenbann. Erst durch ihre Reise zum obersten Hirten nach Avignon wurde die Ächtung wieder aufgehoben. Mit der erzbischöflichen Wiedergutmachungssumme festigten Lorettas Söhne sogar die Familienmacht: Über dem Ausgang des Grüntals mit der kleinen Siedlung Trarbach finanzierten sie damit den Bau einer neuen Wacht, der Grevenburg.

Römer, Wein und Ritter – der touristische Dreiklang an der Mosel: Jährlich wird in Piesport das römische Kelterfest gefeiert (rechts und rechte Seite unten). Vor der Peterskirche in Neumagen-Dhron steht eine Replik eines antiken Weinschiffs von 220 n. Chr. (unten). Es zeigt, dass schon die alten Römer Moselwein schätzten. Um die Burgruine Landshut (rechte Seite oben), die bislang nur ins Mittelalter entführte, fand man 2012 Überreste eines Römerkastells, die seit 2017 über einen Rundweg erschlossen sind.

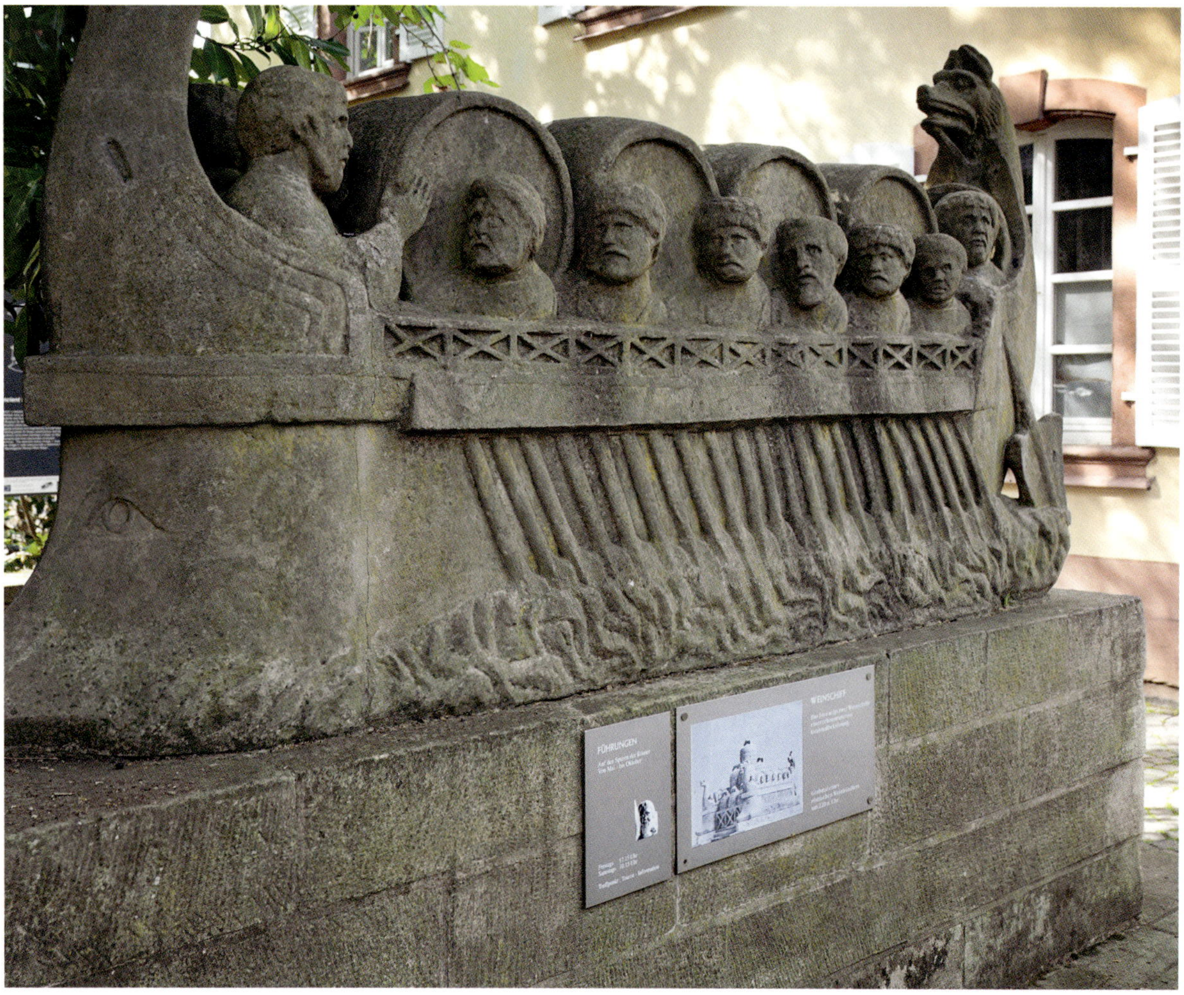

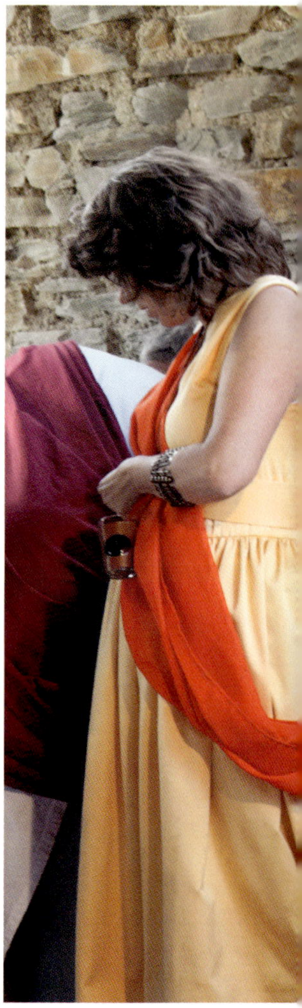

WEINSCHIFF AHOI!

In Stein gemeißelt kündet es seit langem vom antiken Alltag an der Mosel mit Handel und Wein – im Landesmuseum Trier wie an der einstigen Fundstelle in Neumagen (als Reproduktion). Seit einigen Jahren indes ist das berühmte Neumagener Weinschiff nicht mehr länger nur ein Relief, das einst das Grabmal einer römischen Händlerfamilie zierte, welches, wie andere seiner Art, in den Grundfesten des Sommersitzes von Kaiser Konstantin verbaut wurde.

Die Steinminiatur ist zum Leben erwacht – als hölzernes Ruderboot in Originaldimensionen. 2007 lief es vom Stapel, fünfzehn Monate dauerte der Bau. 400 000 Euro aus Spenden- und Fördertöpfen und viele ohne Bezahlung geleistete Arbeitsstunden von Auszubildenden der Handwerkskammer Trier ließen eine lange gehegte Idee Wirklichkeit werden. 18 Meter lang, 4,20 Meter breit und 40 Tonnen schwer ist dieses größte jemals im deutschen Sprachraum nachgebaute, schwimmfähige Römerschiff – obgleich es nicht, wie das steinerne Vorbild, vier Fässer transportiert, sondern nur eines. Und dieses Fass birgt auch keinen Wein, sondern zwei Dieselmotoren. Auf Wunsch und bei guter körperlicher Verfassung können sich Passagiere der Galeere auch in die Riemen legen wie einst die römischen Sklaven. Allerdings, so Christian Herres vom Römerschiff-Infopavillon, sei es kompliziert, ein Boot mit über vierzig Rudern fortzubewegen. Daher fährt die „Stella Noviomagi" meist nicht mit Muskelkraft, sondern mit rund 50 Pferdestärken.

IN NEUMAGEN SCHWIMMT SEIT DEM JAHR 2007 DAS GRÖSSTE JEMALS IM DEUTSCHEN SPRACHRAUM NACHGEBAUTE RÖMERSCHIFF.

Die schönsten Aussichtspunkte

WEITBLICK GARANTIERT

Ob von jener Erhebung, die schon der preußische Kronprinz erklomm oder vom Gipfel des steilsten Weinbergs in Europa, vom Sockel der Trierer Mariensäule oder von der bereits bei den Römern beliebten Zummethöhe – stets bietet sich von diesen Punkten ein traumhafter Ausblick auf die Landschaften der Mosel.

7

3

1 Calmont

Diesen Ausblick kennen Tausende – ohne je selbst vor Ort gewesen zu sein. Denn das Panorama der Moselschleife bei Bremm, gesehen vom steilsten Weinberg Europas aus, geht seit Jahren als Foto um die Welt. In natura ist das Erlebnis freilich noch um vieles spektakulärer. Schon vom sogenannten Calmont-Blick auf halber Höhe, vor allem aber vom Gipfelkreuz aus. Wer bei ihm am Wochenende schon um 10 Uhr morgens angelangt ist, wird sogar mit Frühstück belohnt: Die Gastgeber Irina und Philipp sorgen dort von Ostersamstag bis Mitte Oktober für einen gedeckten Kaffeetisch (n. Vereinb., www.calmontfruehstueck.de).

Von der Laurentius-Kirche in Bremm führt der Wanderweg Nr. 7 hinauf zum Gipfelkreuz des Calmont. Autofahrer folgen ca. 4,5 km der L106 Richtung Beuren. Auf der Höhe dann rechts in den Wirtschaftsweg „Römische Tempelanlage" (braunes Schild) einbiegen und bis zu einer Schranke fahren. Von hier sind es noch ca. 50 Meter zu Fuß.

2 Prinzenkopf

Schon im 19. Jh. war der Prinzenkopf zwischen Pünderich, Alf und Bullay ein beliebter Aussichtspunkt. Damals hieß die knapp 240 m hohe Erhebung allerdings noch Pferdskopf und war „kahl". So konnte Preußens Kronprinz Friedrich Wilhelm dort den freien Blick auf den Fluss genießen. Häufig kehrte der Kronprinz wieder, und bald wurde der Uferberg nicht nur nach ihm benannt, sondern bepflanzt und mit einem Pavillon bebaut. Bereits 1888 reckte sich dann der erste hölzerne Aussichtsturm auf der Kuppe; der wenig später an seiner Stelle errichtete Steinturm wurde 1945 zerstört. Sein hölzerner Nachfolger wich 2009 einem Stahlkonstrukt, von dem sich nun ein wunderbares Panorama bietet: über das Moseltal von Reil bis zum Bremmer Calmont, die fast 14 km lange Moselschleife „Zeller Hamm" sowie die Hunsrückhöhen und im Westen bis zum Kondelwald.

Der Fernwanderweg Moselsteig verläuft von Reil kommend über den Prinzenkopf nach Barl und weiter nach Zell. Auch der Kulturwanderweg Kanonenbahn von Bullay nach Reil führt über den Prinzenkopf.

3 Turm Luxemburg

Offiziell heißt er „Turm der Träume und Sehnsüchte", aber die Trierer nennen die begehbare rostrote Stahl-Skulptur schlicht nach jener Stadt, die sie ihnen zur Landesgartenschau im Jahr 2004 zum Geschenk gemacht hatte. Entworfen von dem bekannten Remicher Architekten Francois Valentiny, ermöglicht der dreigeschossige, 20 m hohe und 25 m breite Turm von der obersten Plattform nicht nur den Blick in Richtung Luxemburg-Stadt, sondern auch über den Petrisberg und das Olewiger Tal.

Naherholungsgebiet Petrispark, Trier, www.petrispark.de, Buslinien 4 und 14 (ab Hbf)

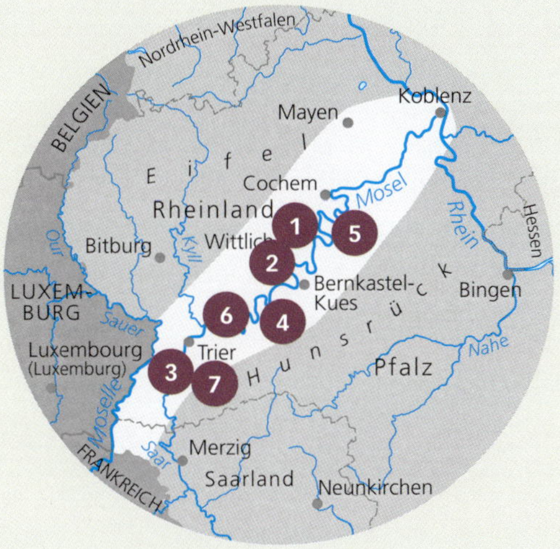

4 Zummethöhe

Der römische Kaiser Augustus soll, so die Legende, auf dem Zummet seiner Gemahlin Livia eine prunkvolle Villa als Sommerresidenz errichtet haben. Durchaus verständlich bei dem Blick, der sich von der Höhe des heutigen Leiwener Ortsteils Zummet bietet – wo tatsächlich römische Bodenfunde dokumentiert sind. Das Panorama umfasst die Moselschleife tief unten bis nach Trittenheim. In einem Online-Wettbewerb des Deutschen Weininstituts um die „schönste Weinsicht" in allen dreizehn deutschen Weinbaugebieten kürten die Teilnehmer im Jahr 2016 für das Gebiet Mosel den Blick von Zummet zum Sieger. Von der Zummethöhe besteht die Möglichkeit, über die Mosel-Erlebnisroute weiterzuwandern Richtung Neumagen-Dhron – ebenfalls mit traumhaften Blicken über das Moseltal.

Aus dem Ort Leiwen geht man über die Klostergartenstraße und an deren Ende links Richtung Panoramabad. Nach ca. 0,5 km beginnt links der Wanderweg Le 4 durch die Weinberge zur Zummethöhe.

5 Mont Royal

Sogar auf eine Sonderbriefmarke hat es der Blick vom Mont Royal auf die Kröver Schleife geschafft. Das Postwertzeichen zählt zur Motivserie „Deutschlands schönste Panoramen" und wurde 2016 in einer Stückzahl von 35 Millionen herausgebracht. Der Mont Royal (deutsch: Königsberg) genannte Bergrücken der Mosel-Flussschleife bei Traben-Trarbach trägt auf 240 bis 300 m Höhe die gleichnamige Festungsruine, Ende des 17. Jh. erbaut nach Plänen von Sebastien Prestre de Vauban, dem Festungsbaumeister des französischen Sonnenkönigs Louis XIV.

Über die Römerstraße hinter der Peterskirche in Traben-Trarbach.

6 Fünf-Seen-Blick

Ein stilisierter schwarzer Kirchturm auf weißem Grund lenkt ambitionierte Wanderer vom ruhigen Weinort Mehring hinauf zu jener Stelle gut 400 m über der Mosel, von der man – zumal dort noch ein ca. 25 m hoher Aussichtsturm steht – zwar nicht fünf Seen, aber fünf Teilstücke des in der Region stark mäandernden Flusslaufs erspäht. Vorgeschobene Bergkuppen sorgen für diesen Effekt. Bei guter Sicht schweift der Blick bis zu den Bergen der Vulkaneifel.

Einstieg an der Sportanlage Mehring, alternativ Mehringer Höhe. Der Weg ist Teil der Moselsteig-Extratour „Mehringer Schweiz" (ca. 14 km).

7 Mariensäule

Eine knappe Stunde Fußmarsch führt von der Porta Nigra hoch auf das gegenüberliegende Moselufer. Hier, auf dem Markusberg 150 m über der Stadt, reckt sich seit 1866 die Mariensäule. Die 6,9 m hohe Statue thront auf einem fast 40 m hohen neugotischen Turm. Dessen Sandsteinquader und das Fundament stammen von einer römischen Mauer. Vom Fuß der Mariensäule aus bietet sich der schönste Blick auf Trier.

Über die Nordallee oder den Pferdemarkt in Trier zur Kaiser-Wilhelm-Brücke und von dort links in den Reverchon-Weg bis zur Römerstraße. Dieser ein Stück aufwärts folgen bis zum Abzweig Auf der Jüngt, diesem Waldsträßchen rund 800 m folgen.

COCHEM
WITTLICH
TRABEN-TRARBACH
BERNKASTEL-KUES
ZELL (Mosel)
SCHWEICH
Morbach
MANDERSCHEID
Piesport
Neumagen-Dhron
Trittenheim
Leiwen
Mehring
Longuich
Salmtal
Bad Bertrich
Kröv
Ürzig
Rachtig
Zeltingen-
Graach
Lieser
Mülheim a.d.Mosel
Brauneberg
Veldenz
Monzelfeld
Enkirch
Starkenburg
Reil
Burg (Mosel)
Briedel
Pünderich
Alf
Bullay
Neef
Ediger-
Eller
Senheim
Beilstein
Bruttig-
Fankel
Ellenz-
Poltersdorf
Kondelwald
Hunsrückhöhenstraße
Moselweinstraße
Deutsche Vulkanstraße
Deutsche Edelsteinstraße
Thalfang
Morscheid
Irmenach
Büchenbeuren
Hetzerath
Föhren
Klüsserath
Rheinischer Sagenweg
Mosel
1
2
3
4
5
6
Maßstab 1:200.000
0
2
4km

STEILE UFER UND GROSSE GELEHRTE

Weinorte wie aus dem Bilderbuch, mit Fachwerk-, Barock- und Jugendstilarchitektur, mit mittelalterlichen Türmen und römischen Relikten, umrahmt von einer Landschaft, in der sanfte Hügel mit steilen Höhen wechseln – die Mittelmosel bezaubert mit vielfältiger Üppigkeit.

1 Beilstein

Überragt von der Burgruine Metternich mit ihrem ungewöhnlichen fünfeckigen Bergfried, liegt das „Dornröschen der Mosel" (ca. 140 Einw.) in einem engen Kessel zwischen Flussufer und steilen Rebhängen.

SEHENSWERT
Die spitzgiebeligen Fachwerkhäuser des mittelalterlichen Weinörtchens drängen sich dicht aneinander. Besonders schöne Architekturbeispiele finden sich rund um den **Marktplatz**, z.B. das Rathaus, das Zehnthaus sowie das Amtshaus mit seinem Barockportal und die Kirche **St. Christophorus**. Auch die alte jüdische **Schule** und die **Synagoge** sind erhalten (letztere birgt nun eine Galerie). Aus dem Gassenensemble führen Treppen hinauf zur **Karmeliterkirche** (17./18.Jh.) mit der „Schwarzen Muttergottes".

HOTEL
€€€ Altes Zollhaus, Moselstr. 26, Senhals, Tel. 02673/18 50, www.hotel-lipmann.de. Fast alle Zimmer bieten Moselblick. Die hervorragenden Gerichte des Restaurants kann man auch auf der urigen Terrasse genießen.

INFORMATION
Heimat & Verkehrsverein
Bachstr. 47, 56814 Beilstein
Tel. 02673/90 01 91, www.beilstein-mosel.de

Tipp

Ürziger GeWürzgarten

Mehr als 10 000 Stauden von 160 Pflanzensorten blühen und duften in einem ehemaligen Weinberg von Ürzig. Hinzu kommen mediterrane Kräuter, über 1000 Zwiebel- und Heilpflanzen sowie wilde und historische Rosen. Der Garten kann individuell oder mit einer Führung besucht werden.

WEITERE INFORMATIONEN
Verkehrsbüro Ürzig, Rathausplatz 1
54539 Ürzig, Tel. 06532/26 20
http://uerziger-gewuerzgarten.de

Das putzige Weinörtchen Beilstein; in der Laurentiuskirche in Bremm.

2 Bremm

Eng an den Bogen einer Moselschleife schmiegt sich das Weinörtchen (ca. 700 Einw.), dessen Ruhm vor allem von seinem Calmont herrührt: dem steilsten Rebhang Europas.

SEHENSWERT
Mit Traubenzopf, Bogenfenster und griechischem Doppelkreuz sind die Attraktionen Bremms schon im Ortswappen vereint. Neben dem **Calmont TOPZIEL**, auf den ein Klettersteig führt, gehört zur Gemarkung auch die Klosterruine Stuben. Gegründet wurde Stuben im 12. Jh. als Augustinerinnenstift, der spätgotische Neubau stammte von 1685. Vom Calmont aus überblickt man die **Moselschleife TOPZIEL**. Die **Laurentius-Kirche** mit spätgotischem Kern birgt u.a. ein interessantes Sterngewölbe. Eine Augenweide ist auch das barocke **Storchenhaus**.

UMGEBUNG
Kaum ein anderer Moselort besitzt eine so geschlossene historische Bausubstanz wie **Ediger** (4 km westl.). Inmitten von Reben liegt die Kreuzkapelle mit dem Relief „Christus in der Kelter" (15. Jh.). In der St. Arnulfus-Kapelle von **Eller** hängt das Wandbild „Verspottung Christi" nach einer Zeichnung von Martin Schongauer. Die Anmut des Ortes **Alf** (6 km südl.) mit der **Burg Arras** (mit Restaurant und tgl. geöffn. Museum) beeindruckte schon den Maler William Turner und den Dichter Victor Hugo.

RESTAURANT
€€ Gutshof Zenz, Ediger-Eller, Hochstr. 29, Tel. 02675/3 84, www.gutshof-zenz.de. Hier wird herzhaft Moselländisches in urigem Weingutambiente geboten (14 Tage vor Ostern–Nov. Do.–Di.).
€€ Weinhaus Berg, Moselstr.39, Tel. 02675/3 01, www.weinhausberg.de. 22 Zi., teilweise mit Balkon. Restaurant mit frischer, regionaler Kost. Sonnenterrasse und Fahrradvermietung.

INFORMATION
Tourist-Information im Calmont-Forum
Calmontstraße 48, 56814 Bremm
Tel. 0175/3 24 91 14, www.bremm-mosel.de

3 Zell

An der engsten Moselschleife gelegen und umstanden von mehr als vier Millionen Reben, gründet sich der Ruhm einer der größten Weinbaugemeinden (ca. 4100 Einw.) Deutschlands vor allem auf ihre Weinlage „Schwarze Katz'".

SEHENSWERT
Die mittelalterliche Substanz wurde bei zwei Bränden im 19. Jh. fast vollständig vernichtet. Verschont blieben u.a. das gotische **Haus Caspary** (Balduinstr.) sowie als Zeugen der einstigen Stadtmauer der viereckige **Balduinsturm** im Bachtal und das Wahrzeichen Zells, der **Runde Turm** (Pulverturm) in den Weinbergen. Das **Kurfürstliche Schloss** gilt als einer der schönsten Rokoko-Profanbauten an der Mosel. Der **Schwarze-Katze-Brunnen** schräg gegenüber vom Rathaus stammt aus dem Jahr 1935. Die moderne **Jacobus-Kirche** in Zell-Kaimt am anderen Flussufer birgt u.a. eine romanische Inschriftentafel aus Kalksandstein mit der ältesten Darstellung eines Moselwinzers.
Das **Wein- und Heimatmuseum** im Rathaus (Balduinstr. 44, April–Okt. Mi.–So. 14.00–17.00 Uhr) zeigt Exponate aus keltischer und römischer Zeit, zur Geschichte des Wein- und Tabakanbaus und zum jüdischen Leben im Ort.

UMGEBUNG
Mit reichem Fachwerk und seiner Lage direkt am Fluss bezaubert der Weinort **Pünderich** (vom lat. pontariacum, Fähre, Brücke; 8 km westl.). Besonders schön sind das Fährhaus sowie das gotische Rat- und Gerichtshaus.

INFORMATION
Zeller Land Tourismus GmbH
Balduinstr. 44, 56856 Zell
Tel. 06542/9 62 20, www.zell-mosel.com

4 Traben-Trarbach

Überragt von der Ruine Grevenburg und der einstigen Festung Mont Royal, wahrte die historische Weinhandelsstadt (ca. 5600 Einw.) bis heute ihren **Jugendstilcharme** TOPZIEL.

SEHENSWERT
Unweit des Brückenkopfs in Traben steht das mächtige **Kaiserliche Postamt**, das mit den Gebäuden Winzereck und Lorettahaus ein historistisches Ensemble bildet. In diesem Stil ist auch das ehemalige **Rathaus** errichtet. Am Moselufer reihen sich hinter dem barocken **Kommandantenhaus** der Aachener Hof, das **Jugendstilhotel Bellevue**, die Villa Nollen/Breucker und die Villa Huesgen, ebenfalls aus dem frühen 20. Jh. Über die Römerstraße hinter der Peterskirche gelangt man zu den Ausgrabungen der Vauban-**Festung Mont Royal**.

Das Weinkulturelle Zentrum in Bernkastel gibt einen guten Überblick über die Moselweine. Klar zum Anlegen in Bernkastel.

In Trarbach ragt am Flussufer das Wahrzeichen der Stadt auf: Bruno Möhrings **Brückentor**. Die Steinmetzarbeiten zeigen u.a. einen jungen und einen alten Frauenkopf, der eine in Richtung Trier gewandt, der andere in Richtung Koblenz. Sie symbolisieren die zur Zeit des Brückenbaus verbreitete Auffassung von guten und schlechten Weingegenden an der Mosel. In Richtung Bernkastel erheben sich parallel zum Flussufer das ehemalige **Amtmannshaus** (17. Jh.), das barocke **Kayserhaus** sowie das Casino mit dem wohl schönsten Barocksaal der Stadt. Taleinwärts ist an der Mittelstraße noch der **Alte Stadtturm** (mit Glockenspiel und Aussichtsplattform) sowie an der Grabenstraße der **Wehrturm** als Teil der ehemaligen Stadtbefestigung zu erkennen. Am Weihertorplatz steht die 1688 erbaute **Mont Royal-Mühle**. Von der **Grevenburg**, der einst mächtigen Passfeste der Grafen von Sponheim, verblieb nur die Fassade des Kommandantenhauses – und ein herrlicher Ausblick.

MUSEEN
Im barocken Haus Böcking informiert das **Mittelmoselmuseum** über Wohn- und Weinkultur, den Mont Royal und die Grevenburg (Casinostr. 2, Ostern–Okt. Di.–So. 10.00–17.00 Uhr). Die ehemalige Kellerei Kayser birgt das **Buddha-Museum** mit über 1800 Figuren aus allen Ländern Asiens (Bruno-Möhring-Platz 1, Di.–So. 10.00–18.00 Uhr, www.buddha-museum.de).

AKTIV
Die Tourist-Info (s.u.) bietet einen **Ausflug** in die „Unterwelt" der Weingüter der Stadt.

HOTEL
€€€ Moselschlösschen Spa & Resort, An der Mosel 15, Tel. 06541/83 20, www.moselschloesschen.de. Mit seiner schönen Saunalandschaft und dem beheizten Infinitypool nicht nur für die warme Jahreszeit ein erstklassiges Domizil.

RESTAURANT
Gutbürgerliche Küche und freundlichen Service bietet die **€€/€€€ Alte Zunftscheune** (Neue Rathausstr. 15, Tel. 06541/97 37, www.zunftscheune.de), im historischen Winzerkeller.

UMGEBUNG
Ürzig (13 km westl.) besitzt mit dem Mönchhof eines der ältesten Weingüter der Mosel und an seinen Hängen die vermutlich älteste Sonnenuhr Europas.

INFORMATION
Tourist-Information, Am Bahnhof 5
56841 Traben-Trarbach, Tel. 06541/8 39 80
www.traben-trarbach.de

5 Bernkastel-Kues

Fachwerkromantik vor steilen Rebhängen, schlossartige Weinhöfe und mit Nicolaus Cusanus ein berühmter Gelehrter prägen den beliebten Doppelort (ca. 7100 Einw.).

SEHENSWERT
Mittelpunkt der Bernkasteler Altstadtgassen ist der **Marktplatz** mit dem Renaissance-Rathaus und dem Michaelsbrunnen. 1416 errichtet wurde das Spitzhäuschen mit drei Obergeschossen. Der wuchtige Turm der prächtig ausgeschmückten **St. Michaels-Kirche** gehörte ursprünglich zur Stadtbefestigung. In Kues am anderen Moselufer stiftete Nikolaus von Kues 1456 das **St. Nikolaus-Hospital** mit Kapelle, Kreuzgang und Konventssaal. Es beherbergt seine Privatbibliothek, 314 Handschriften in lateinischer Sprache (Cusanusstr.2, Führungen: April–Okt. Di. 10.30 und Fr. 15.00 Uhr, www.cusanus.de). In weiteren Stiftsgebäuden ist das **Weinkulturelle Zentrum** TOPZIEL untergebracht mit Vinothek und Museum (Mo.–So. 10.00–18.00 Uhr). Vom Bergfried der **Ruine Landshut** (bewirtschaftet, https://burglandshut.de) aus hat man einen schönen Blick, ein Rundweg erschließt die Ausgrabungsfunde des 2012 entdeckten Römerkastells. Die Burg ist auch mit einem Oldtimer-Bus erreichbar.

MUSEEN
Das **Cusanus-Geburtshaus** birgt eine Ausstellung zu Leben und Werk des Gelehrten (Kues, Nikolausufer 49, Di.–So. 12.00–17.00 Uhr; www.nikolaus-von-kues.de). Im Graacher Tor, dem letzten von acht Stadttoren, befindet sich das **Heimatmuseum** (Sa. 15.00–17.00, So. 11.00–13.00 Uhr). Im 2017 eröffneten **Zylinderhaus** kommen Oldtimer-Fans auf ihre Kosten; mehr als 100 Oldtimer aus 90 Jahren deutscher Automobilgeschichte werden hier ausgestellt (Adolf-Kolping-Str.2, Tel. 06531/9 73 77 76, www.zylinderhaus.com).

HOTEL
€€€ Hotel Weißer Bär, Moselstr. 7, Mülheim Tel. 06534/9 47 70, www.hotel-weisser-baer.de.

Ruhige, luxuriöse Zimmer am Moselufer, großzügiger Wellnessbereich, exquisite Küche.

INFORMATION
Tourist-Information/Mosel Gästezentrum
Gestade 6, 54470 Bernkastel-Kues
Tel. 06531/50 01 90, www.bernkastel.de

6 Neumagen-Dhron

Noviomagus nannte Kaiser Konstantin seinen Sommersitz, der heute als ältester Weinort Deutschlands gilt (ca. 2200 Einw.) und Ankerplatz eines originalgetreu nachgebauten, fahrtüchtigen römischen Weinschiffs ist.

SEHENSWERT
Zwischen der Pfarrkirche St. Mariä Himmelfahrt und der Peterskapelle liegt der **römische Kern** des Orts. Hier steht auch die Nachbildung der berühmten, das Grab eines römischen Weinhändlers zierenden **Weinschiff-Steinplastik** (Original im Landesmuseum Trier). Straßenaufwärts markieren Säulen- und Reliefrepliken den römischen **Kastellbereich** (Rundweg mit Infotafeln). Im Museum **Noviomagi** (Römerstr. 137, Mo.–Sa. 9.00–12.00 Uhr, nachmittags unterschiedlich) informieren u.a. Filme und Funde über römisches Leben.

AKTIV
Führungen auf den Spuren der Römer bietet die Tourismus-Information an: Mai–Okt. Sa. 10.15 Uhr. **Fahrten** mit dem nachgebauten **Römerschiff „Stella Noviomagi"** fragt man bei der Tourist-Information an. Über eine Smartphone-App kann man mit einer „Lauschtour" selbst auf Entdeckungsreise gehen (4km, Infos und Start bei der Touist-Info).

RESTAURANT
€€€€ schanz.restaurant. Bahnhofstr. 8a, Piesport, Tel. 06507/9 25 20, www.schanz-restaurant.de. Für seine französische Gourmetküche erkor der Gault-Millau Thomas Schanz zum „Koch des Jahres 2021"; der Michelin bedachte ihn auch 2024 mit drei Sternen.

UMGEBUNG
In **Piesport** (5 km nördl.) ragt die „Mosel-loreley" auf, ein markantes Felsmassiv am Fluss. Am Ortsrand Richtung Ferres stehen zwei römische Kelteranlagen. Die rekonstruierte Weinpresse wird jährlich Anfang Oktober beim **Römischen Kelterfest** TOPZIEL in Betrieb genommen. Am alten Brückenkopf von **Trittenheim** (4 km südl.) erinnert das Trithemius-Denkmal an den in diesem Ort geborenen Humanisten (s. Special S. 61). Am Rand von **Mehring** (18 km südwestl.) stehen Reste einer römischen Villa. Weiter westlich lockt **Fell** mit einem Besucherbergwerk (Apr.–Okt. Di.–So. 10.00–18.00 Uhr; https://bergwerk-fell.de).

INFORMATION
Tourist-Information, Römerstraße 137
54347 Neumagen-Dhron
Tel. 06507/65 55, www.neumagen-dhron.de

JA NATÜR LICH

FLUSSREISE IM KANADIER

Im Paddelrhythmus die Schönheiten der Mosel erkunden, grüne Inseln entdecken, neue Uferperspektiven, sachtes Gleiten auf den Wellen – ein Vergnügen für Groß und Klein, für Freundesgruppen und Familien, das keinerlei Vorkenntnisse in Sachen Bootsfahren bedarf.

„Wir treffen uns in Ediger-Eller, an der Bachstraße, da sehen Sie uns dann schon am Ufer", erklärt Udo Marx am Telefon. Tatsächlich sind die farbenfrohen Kajaks schon von Weitem zu erkennen. Mit Filzhut und dickem Pullover empfängt der Gründer von Mosel-Kanu-Tours an diesem Herbstmorgen die Paddel-Anfänger. Im Hotel Oster gleich gegenüber zieht man sich um. Zehn Minuten später ist unser Grüppchen wasserdicht eingekleidet und mit Schwimmweste ausgerüstet. Etwas unsicher klettern wir ins Boot, einen Vierer-Kanadier. Jeder erhält ein Stechpaddel. Genau erklärt Udo Marx dessen Handhabung und was sonst noch zu beachten ist auf der Tour.

Knapp drei Stunden wollen wir unterwegs sein; Briedern heißt unser Ziel. Nach der gründlichen Einweisung paddeln wir los. Einstechen, durchziehen, einstechen, durchziehen – immer auf der gleichen Bootsseite. Die einen rechts, die anderen links. Bald klappt es, und wir genießen das Gleiten, die Uferlandschaft, die Ruhe. Wer den ganzen Tag auf dem Wasser verbringen möchte, paddelt weiter bis Ernst.

Auch Anfänger beherrschen bald das gleichmäßige Paddeln im Kanadier. So kann man die vorbeiziehende Landschaft an der Mosel voll genießen.

Veranstalter: Mosel-Kanutours, Moselstr. 45, 56814 Ernst, Tel. 02671/5551, www.mosel-kanutours.de
Touren: Mo.–Sa. April–Mitte Nov., auch für Anfänger und Kinder geeignet
Stationen: u.a. Ernst und Ediger-Eller
Kosten: Tagestour (17 km/max. 4,5 Std.) inkl. Boots- und Personen-Rücktransfer ab 28 € pro Pers., Kinder 3–14 Jahre ab 16 €, Fahrrad-Boot-Kombination 37 € pro Pers., Kinder 20 €

TRIER
MUSEUM

Trier und Umgebung

ANTIKEN-METROPOLE

Trier lebt natürlich von und mit seinem römischen Erbe. Es lassen sich aber auch Bauwerke anderer Epochen und charmante Winkel zum Bummeln und Einkehren in der Heimat von Kaiser Konstantin und Karl Marx entdecken. Zudem liegt Deutschlands älteste Stadt, wie schon Goethe meinte, in einer „angenehmen Umgebung“.

Die Porta Nigra, Wahrzeichen von Trier und einst Teil der römischen Stadtmauer, wurde um 180 n. Chr. gebaut.

Eine der Hauptachsen und wichtigste Shoppingmeile von Trier: die Fußgängerzone Simeonstraße, die auf St. Gangolf zuführt, deren Turm rechts zu sehen ist. Links überragt der Dom die Häuser der Altstadt.

Nur an wenigen Stellen in Trier zeigt sich Fachwerk wie in der Glockenstraße: Die römische Tradition des Steinbaus wurde immer beibehalten (oben). Wie gewaltig die Römerbauten teils ausfielen, zeigt die Konstantinbasilika (rechts): Sie ist 36 Meter hoch und wurde um 310 n. Chr. als Thronsaal für Konstantin erbaut. Heute ist sie evangelische Kirche.

Prächtige Holztüren, Stuckschnörkel und Blütenpracht: Trier zeigt Geschmack.

Eines der bedeutendsten Gebäude am Hauptmarkt ist die „Steipe“ mit ihren charakteristischen Stützbögen: 1483 erbaut, im Zweiten Weltkrieg zerstört, 1970 wieder aufgebaut.

EINE ZERBROCHENE STEINSÄULE ERZÄHLT VON DER GESCHICHTE DES TRIERER DOMS. ER IST DIE ÄLTESTE DEUTSCHE BISCHOFSKIRCHE UND EINE DER GRÖSSTEN KIRCHENANLAGEN IN EUROPA.

Om Duhmstaan sei mer romgerötscht/Et waor net emmer ginstig/De Box zeröss, de Kaap verlohr/De Kopp zerschonn, blutrinstig“. In schönstem Dialekt huldigt in den Infomaterialien des Trierer Doms ein Unbekannter dem „Domstein“. Dieses vor dem Portal des Gotteshauses liegende Säulenfragment verlockt bis heute Kinder zu Rutsch- und Kletterpartien. Was aber hat es damit auf sich?

KIRCHENSÄULEN VOM TEUFEL

Die Legende erzählt: Als im Auftrag von Kaiser Konstantin und seiner Mutter Helena der erste Dom zu Trier gebaut wurde, galt es, vier riesige Granitsäulen aus dem Odenwald herbeizuschaffen. Eine kaum zu lösende Aufgabe. Der Architekt beschloss daher, den Teufel mit ihr zu betrauen. Listig erzählte er dem Höllenfürsten, er baue das größte Wirtshaus der Welt. Der Teufel war sofort einverstanden zu helfen. Als er jedoch mit dem letzten der 12 Meter langen und gut 60 Tonnen schweren Stützpfeiler ankam, wurde das angebliche Wirtshaus gerade als Kirche geweiht. Wütend warf Luzifer die letzte Säule auf das Gebäude, verfehlte es jedoch knapp, sodass sie vor dem Portal in zwei Teile barst – einen großen und einen ganz kleinen. Historische Tatsache jedoch ist, dass man anno 1614 bei Arbeiten für den Allerheiligenaltar unter dem Domfußboden zwei Bruchstücke einer großen Granitsäule entdeckte, sie ausgrub und vor das Gotteshaus legte. Ursprünglich stützte diese Säule als eine von vier den „Quadratbau“. Er war von Kaiser Gratian um 380 n. Chr. an Stelle der früheren Nord-Ost-Basilika errichtet worden. In dieser 40 mal 40 Meter großen und wohl 45 Meter hohen Halle befand sich die Kammer zur Aufbewahrung einer Kreuzesreliquie. Alle vier Säulen waren übrigens auf dem Wasserweg vom Felsenmeer im Odenwald nach Trier transportiert worden – ganz ohne Teufel.

AUF DEM PETRISBERG

Parcours der Sinne, Windharfen, Finnenbahn, geologische Landkarte, Wasserspielplatz – Triers ehemaliges Gartenschau-Gelände, der Petrispark, lockt heute als abwechslungsreiches Freizeitareal für Groß und Klein. Die Anlage zieht sich über einen Teil des knapp 300 Meter aufragenden Trierer Hausbergs, den schon Matthäus Merian Mitte des 17. Jh.s, allerdings noch unter dem Namen Mons Martins, auf einem seiner Stiche verewigte. Schon 30 v. Chr. hatten die Römer hier ein Militärlager errichtet, also 14 Jahre vor der Gründung des ihm zu Füßen liegenden Augusta Treve-

Gekonnt setzt das Rheinische Landesmuseum das römische Erbe von Trier in Szene (oben links/rechts). Ebenso glanzvoll präsentiert sich das Kurfürstliche Palais (unten links/rechts). Zartrosa dominiert bei der herrlichen Rokokotreppe im Südflügel als auch an der Außenfassade des Palais.

rorum. Im 16. Jh. wurden hier angeblich Hexentänze aufgeführt; Ritter Franz von Sickingen versuchte von der Höhe aus Trier mit Kanonen zu beschießen.

An die wechselvolle Geschichte des Aussichtshügels erinnert die Jean-Paul-Sartre-Straße. Der französische Schriftsteller und Philosoph war von Juni 1940 bis März 1941 als Kriegsgefangener im Stalag XII D auf dem Petrisberg interniert; er schrieb dort sogar ein Stück für die Weihnachtsaufführung („Bariona oder der Sohn des Donners") und verfasste auf der Basis seiner Lagererlebnisse „Matthieus Tagebuch", eine Vorarbeit zum dritten Band seines Romanzyklus „Wege zur Freiheit".

AUF DEM PETRISBERG, DEM HAUSBERG VON TRIER, ENTSTAND AB 1998 NACH DEM ABZUG DER LETZTEN FRANZÖSISCHEN SOLDATEN EIN VOLLKOMMEN NEUER STADTTEIL.

EIN BERG IM WANDEL

Nach dem Sieg der Alliierten wurden das Barackenlager und die Kaserne des Petrisbergs von den französischen Besatzungstruppen genutzt und um das Hospital „André Genet" ergänzt, heute der Campus II der Universität Trier, mit den Fachbereichen Geographie, Informatik und Wirtschaftsinformatik. Nach 1945 beherbergte Trier die größte französische Garnison in Deutschland; erst 1998 zogen ihre letzten Soldaten vom Petrisberg ab – und das große Planen für eine zivile Nutzung des gesamten einstigen Militärareals begann.

Die Landesgartenschau 2004 war ein erster Schritt, in rascher Folge entstand danach auf rund 700 000 Quadratmetern ein völlig neuer Stadtteil mit Wohnungen, Wissenschaftseinrichtungen und Freizeitanlagen. Neubauten halten sich

In Trier kann man einmal in die Rolle eines Gladiators schlüpfen.

Die Kaiserthermen gehörten zu den größten Badeanlagen im Römischen Reich. Noch heute beeindruckt die Anlage, obwohl sie im Mittelalter als Steinbruch herhalten musste.

Rund um die Porta Nigra, einst das Nordtor der römischen Stadtmauer, tummeln sich Schaulustige auf den Spuren der Römer. Mittendrin posieren als Legionäre oder Gladiatoren verkleidete Mimen.

Ob Erlebnisführungen in Begleitung „waschechter Römer" oder der Besuch eines Römerfests – in Trier kein Problem.

dabei die Waage mit umgewidmeten historischen Ensembles. So wurden etwa einstige Mannschaftsheime umgebaut, um mehr Platz für das Montessori-Kinderhaus zu schaffen. In die drei ehemaligen Kasernengebäude, die nun wie eine farbenfrohe Krone den Rand des Petrisbergs schmücken, zogen die Unternehmen des Wissenschaftsparks, und in der Panzerhalle entstanden großzügige Lofts, während auf zuvor unbebautem Terrain u.a. ein modernes Mehrgenerationenwohnhaus und kühne Bürokuben aus dem Boden wuchsen.

HUNGRIGE EROBERER

Sie kamen, sahen – und waren hungrig. Bereits zu Zeiten von Kaiser Constantinus lebten Tausende von Römern in dem guten Dutzend Militärstationen am Moselufer. Zur Versorgung all der Söldner, aber auch der Kaufleute, Händler und Handwerker entstanden überall in der Provinz landwirtschaftliche Höfe. Bei ihren Eigentümern handelte es sich neben Mitgliedern der Armee selbst auch um einige römische Veteranen, meist aber romanisierte Kelten und Germanen von Adel. Die Hofbesitzer statteten ihre Häuser prächtig aus mit Mosaiken und luxuriösen Bädern, wie man heute u.a. in Perl-Nennig sehen kann, in Ottrang oder auch in Echternach. Das repräsentative Herrenhaus *(pars urbana)* dieser Güter ergänzte ein Ökonomiebereich von oft erstaunlichen Dimensionen: mit Speichern, Scheunen, Ställen, Schuppen, Gesindehäusern und anderem mehr. Auf den Gutshöfen wurden die landwirtschaftlichen Erzeugnisse der Region verarbeitet oder zumindest gelagert. Ein nicht unbeträchtlicher Teil diente dabei gar nicht der lokalen Versorgung, sondern ging über die Mosel sowie ein gut ausgebautes Netz von Römerstraßen in den Export bis zum Limes, nach Metz oder gar ins Zentrum des Römischen Reichs.

Zu einem römischen Landgut (*villa rustica*) zählten Getreidefelder ebenso wie Rebflächen sowie Weiden und Ställe für Rinder und Pferde, für Schafe, die die Wolle für Tuche lieferten, wie sie die Igeler Säule zeigt. Auch Schweinezucht wurde mitunter betrieben, etwa für die Herstellung des „gallischen" Schinkens oder von Würsten, mit denen die Römer ihren legendären Getreidebrei (*puls*) ebenso anzureichern wussten wie mit geröstetem Speck, Kräutern, Gemüse und Geflügel. Auch für das römische Gericht *minutal ex praecoquis* war Schweinefleisch die Basis – in Verbindung mit Aprikosen.

RÖMISCHER SPEISEZETTEL

Lud man bei Hofe oder in der Villa eines Großgrundbesitzers zu *cena*, so war dies nicht nur ein warmes, sondern ein üppiges Mahl, serviert in mehreren Gängen, darunter vielleicht *tisana farrica* (eine Suppe aus Kichererbsen, Linsen, Erbsen und Gerstengrütze, angereichert mit Lauch, Koriander, Dill, Fenchel, Rote Beete, Malve, weichem Kohl und Gartenkräutern), *lenticulam de castaneis* (Linsen mit Kastanien), *pullum numidicum* (gegrilltes Perlhuhn) und begleitet von *mulsum*, einem Trunk aus Weißwein

ZU ZEITEN VON KAISER CONSTANTIN LEBTEN TAUSENDE VON RÖMERN IN DEN KASTELLEN AM MOSELUFER.

Ein Rundgang durch Triers Kirchen: Um das Jahr 315 n. Chr. wurde mit dem Bau des Doms begonnen. Damit ist er die älteste Kirche Deutschlands und ein kunstgeschichtliches Bauwerk von überragender Bedeutung (ganz oben links/rechts und unten rechts). Die zweitälteste Kirche der Stadt ist die Stadtkirche St. Gangolf am Hauptmarkt, im 10. Jh. begonnen und im 15. Jh. im gotischen Stil neu errichtet (oben: Blick in eines der Seitenschiffe).

Balthasar Neumann, der berühmte Baumeister des Barock, schuf die grandiose Inneneinrichtung von St. Paulin. In der Krypta haben sich Reste des ursprünglichen Kirchenbaus von etwa 400 n. Chr. erhalten.

Special

Die Moselkreuzfahrt

Alles auf einmal erleben

Eine Moselkreuzfahrt bietet Genuss, Entspannung, Natur und Kultur in besonderer Weise.
Es ist ein großer Unterschied, ob man einen Fluss vom Wasser oder von seinen Ufern aus erlebt. Auf dem Fluss erhält man einen Gesamteindruck von Landschaft, Klima und sogar dem Mikroklima; am Ufer sind es eher Ausschnitte und Details, die man wahrnimmt. Die Mosel mit ihren Steillagen und engen Mäandern wirkt vom Fluss noch einmal eindrücklicher als an ihren Ufern, denn indem das Schiff dem Wasser folgt, kann man nachvollziehen, wie sich der Fluss über die Jahrtausende hinweg seinen Weg gesucht und dabei die Landschaft ausgeformt hat.

Doch damit nicht genug. An Bord stehen Genuss und Entspannung auf dem Programm, ersteres durch die meist exzellente, oft regional inspirierte Küche an Bord und die der Region angepassten Weinbegleitungen, letzteres durch das geruhsame Tuckern des Schiffes und den müßig-abwechslungsreichen Blick auf den Fluss und seine Ufer. Bei Landgängen kommt die Kultur ins Spiel: geführte Standrundgänge, Museumsbesuche, Weinverkostungen, Märkte, Feste ...

Eine Moselkreuzfahrt ist eine Genussreise.

In der Regel starten die Moselkreuzfahrten in Köln, dauern je nach Anbieter (z.B. www.nicko-cruises.de, www.a-rosa.de, www.compass-kreuzfahrten.de) 5–8 Tage und kombinieren die Moselfahrt mit Abschnitten auf dem Rhein oder auch der Saar.

oder Traubenmost mit Zutaten wie Pfeffer, Lorbeer, Honig und Mastix.

Einige römische Autoren beschrieben *mulsum* allerdings als Aperitifwein, zu dem man kalte Gerichte servierte wie *moretum*. Columella beschreibt dessen Zubereitung wie folgt: „Gib in eine Reibschüssel Bohnenkraut, Minze, Weinraute, Koriander, Sellerie, Lauch oder grüne Zwiebel, Lattich, Senfrauke, frischen Thymian oder Katzenminze, ferner frisches Flohkraut und frischen salzigen Käse. Dies alles zerreibe gemeinsam und gib etwas Pfefferessig dazu. Richte es in einer Schüssel an und gieße Olivenöl darüber.“ Und von Cato erfahren wir, dass es bei den Römern ein Dessert gab namens *lobuli*: kleine Kugeln aus einer Mischung von Käse und Weizengrütze, bestrichen mit Honig und Mohn.

ZU HAUSE BEI KARL MARX

Die roten Büsten sind nicht nur bei chinesischen Touristen beliebt. Karl Marx en miniature, stilecht mit wallendem Haar und Rauschebart, entzückt auch Nicht-Kommunisten. Ob als Briefbeschwerer, Buchstütze oder schlichte Zierfigur – jedenfalls wird der Trierer Revolutionär recht häufig zum Kauf über den Kassentresen seines zum Museum umfunktionierten Geburtshauses gereicht. Das hat er sich kaum träumen lassen.

Besonders charmant: das Zurlaubener Ufer mit seinen umgenutzten Fischerhäusern. Direkt an der Mosel gelegen, sind die Gaststätten allein schon ihrer Lage wegen einen Besuch wert.

In der Brückenstraße 10 erblickte am 5. Mai 1818 der Philosoph Karl Marx das Licht der Welt.
Sein Geburtshaus ist heute ein sehenswertes Museum.

Auf Schloss Monaise steht Hubert Scheid für gehobene Gastronomie.

Schloss Monaise, die 1779 bis 1783 erbaute Sommerresidenz des Grafen von Walderdorff, liegt am westlichen Moselufer. „Meine Muße" ist heute ein beliebtes Naherholungsziel.

DAS VERHÄLTNIS DER TRIERER ZUM BERÜHMTESTEN SOHN IHRER STADT WAR LANGE ZEIT „NICHT GERADE HERZLICH".

In Zeiten der Wirtschaftskrise entdeckte Triers linke Studentenschaft den radikalen Gesellschaftskritiker neu. Immer häufiger tauchten deshalb vor einigen Jahren auf dem Campus T-Shirts mit seinem Konterfei auf, umrundet von dem Schriftzug „Karl-Marx-Universität Trier". Denn so wollte der Allgemeine Studierendenausschuss (AStA) die bislang namenlose Hochschule getauft wissen. Ein entsprechender Antrag im Senat der Universität scheiterte allerdings. Die Marx-T-Shirts aber sind als Souvenir bei Gaststudenten bis heute höchst beliebt.

An den Trierern geht die immer mal wieder aufflammende Umbenennungsdebatte „weitgehend vorbei" – jedenfalls nach Einschätzung von Beatrix Bouvier, ehemalige Leiterin der Forschungsstelle und des Museums Karl Marx, die meint, dass das Verhältnis der Trierer zum berühmtesten Sohn ihrer Stadt lange Zeit „nicht gerade herzlich" gewesen sei. Eher unglücklich war die Stadt mit einem Geschenk der Volksrepublik China: eine 5,50 Meter hohe Statue von Karl Marx zu dessen 200. Geburtstag. Allerdings weniger seinetwegen, sondern aus Abneigung gegen die chinesische KP. Womöglich deshalb steht er auch nicht bei seinem Geburtshaus, sondern etwas abseits: hinter der Porta Nigra rechts vorbei an der Trier-Information ...

DIE FRAU DES REVOLUTIONÄRS

Karl Marx erblickte am 5. Mai 1818 in der Brückenstraße 10 das Licht der Welt. Seine Vorfahren waren führende Vertreter des europäischen Judentums; in Trier übten noch Karls Großvater Moses Lwów und sein Onkel Samuel Marx das Amt des Rabbiners aus. Karls Vater, ein Jurist, konvertierte zum Protestantismus, da er als Jude unter der preußischen Obrigkeit sein unter napoleonischer Regierung angetretenes Anwalts- und Notarsamt nicht hätte weiterführen dürfen, und ließ auch die sieben Kinder evangelisch taufen. Die Familie zog um in ein Haus in der Simeonstraße (Nr. 8).

Karl besuchte die ehemalige Jesuitenschule und machte dort 1835 Abitur – zusammen mit seinem Freund Edgar von Westphalen. Dessen Schwester Johanna, genannt Jenny, war umfassend gebildet und wurde gefeiert als „Ballkönigin von Trier". Nach siebenjähriger Verlobungszeit traten Karl und Jenny 1843 vor den Altar. Danach stellte Jenny ihr Leben ganz in den Dienst ihres Mannes. Sie kopierte viele seiner Manuskripte, korrigierte und redigierte sie, begleitete ihn ins Exil nach Brüssel, Paris und London. Zeitlebens litt sie unter den schwierigen finanziellen Verhältnissen der Familie; von den sieben Kindern erreichten nur drei das Erwachsenenalter.

Wein

SPITZENKLASSE VOM STEILHANG

Schon die Römer schätzten den Wein von der Mosel. Heute tragen vor allem rassig-elegante Rieslinge die Botschaft von der Rebkunst an ihren teils atemberaubend steilen Ufern in die ganze Welt.

Feinfruchtig, rassig, elegant", oder „barocke Pracht, Fruchtexplosion" – derart schwärmerisches Lob heimsen die Weine der Mosel inzwischen bei renommierten Experten wieder ein. Viele Betriebe zwischen Koblenz und Perl ließen sich in den vergangenen Jahren zertifizieren und erfüllen höchste, von unabhängigen Verbänden formulierte Qualitätskriterien. Fünf Trauben im Gault Millau WeinGuide Deutschland oder das Maximum an Parker-Punkten – Dutzende von Moselwinzern dürfen sich heute damit schmücken. Ansgar Schmitz, Geschäftsführer der Moselwein e.V. in Trier, erklärt mir voller Stolz die Moselweine und ihre Besonderheiten.

TRADITION PLUS NEUE TECHNIK

Insgesamt zählt die Region ca. 3000 Winzerbetriebe. Junge, engagierte Weinbauern unterfüttern heute vielerorts die Erfahrung und Tradition ihrer Vorfahren mit neuesten Anbau- und Kellerei-Erkenntnissen. Und setzen wieder auf Klasse statt auf Masse. Viele der „neuen" Moselwinzer produzieren mittlerweile auch ihren eigenen Sekt sowie hochprozentige Trauben-, Hefe- und Tresterbrände. Und eine ganze Reihe von ihnen haben sich dem nachhaltigen Anbau verschrieben, setzen auf die Kraft der Natur statt auf jene der Chemie, um im Herbst gesunde Trauben zu ernten. Frühzeitige Laubreduzierung im Wingert, Sexfallen zur Bekämpfung von Schädlingen, die systematische Förderung der Artenvielfalt von Pflanzen und Tieren in den Rebgärten lautet das Motto dieser „Öko"-Winzer, auf deren Flaschen letztlich – nach jährlichen strengen Kontrollen – das Ecovin- oder das sechseckige EG-Bio-Siegel prangen darf.

Knapp 9000 Hektar Weinbergfläche verzeichnet die Mosel heute, aufgeteilt in 19 Großlagen und in mehr als 500 Einzellagen – das Gros davon mit mehr als 30 Prozent Neigung. Nirgendwo anders auf dem gesamten Erdball gibt es mehr Steillagenweinberge als an der Mosel. Sie konzentrieren sich vor allem um Burg Cochem an der sog. Terrassenmosel. Der Bremmer Calmont mit seinen gut 60 Prozent Neigung ist der steilste Weinberg Europas.

AUSHÄNGESCHILD RIESLING

Berühmtester Botschafter der Moselwinzer weltweit ist der Riesling. Deutlich spiegelt sich in ihm das „terroir"; Duft und Geschmack erinnern häufig an Früchte wie Apfel, Birne oder Pfirsich sowie an Blüten und Kräuter. Bei sehr reifen Weinen sind die Aromen von Aprikose, Mirabelle, Ananas oder Lychee typisch; bei edelsüßen Rieslingen lassen sich Noten von Mango, Maracuja, Rosinen und Honig herausschmecken. Hoch-

Rund um die Mosel wächst vor allem Riesling, von denen einige zu den besten Weißweinen der Welt zählen.
Linke Seite: der Weinort Merl.

EINE GANZE REIHE MOSELWINZER HAT SICH DEM NACHHALTIGEN ANBAU VERSCHRIEBEN UND SETZT AUF DIE KRAFT DER NATUR STATT AUF CHEMIE.

An Auszeichnungen herrscht wahrlich kein Mangel bei den Moselweinen. Doch welches ist der allerbeste? Der, der Ihnen am besten schmeckt. Da hilft also nur probieren!

wertige Steillagen-Rieslinge lassen sich sehr lange lagern. Zweitwichtigste Rebsorte des Gebiets ist der Müller-Thurgau bzw. Rivaner, eine Kreuzung aus Riesling und Madeleine Royale. Die Fruchtsäure dieser Sorte ist weniger stark ausgeprägt, die Trauben ergeben milde Weine. Je nach Ausbau weisen sie einen Muskatton auf oder frische, fruchtige und Kräuter-Aromen.

Und das kommt an in der Welt: Von den jährlich rund 740 000 Hektolitern werden heute 20 Prozent ins Ausland exportiert – und die Weinkäufe ausländischer Touristen kommen noch obendrauf. Mehr als 80 Länder, darunter die USA, Kanada, China, Norwegen, Großbritannien, aber auch Neuseeland und sogar Peru sind wichtige Exportmärkte für die Weine aus dem Moselland.

RÄTSEL UM DEN ERSTEN WINZER

Wer aber pflanzte die allerersten Reben an der Mosel? Da streiten sich die Gelehrten. Einige meinen: die Römer. Die andere Fraktion nennt die Kelten – welche wiederum ihr Wissen von den alten Griechen hatten. Für die zweite Variante spricht, dass die Römer den an der Mosel üblichen Stockanbau nicht betrieben. Auf den griechischen Inseln hingegen ist er bis heute gang und gäbe.

Aus der Römerzeit sind allerdings wichtige Zeugnisse der Weinkultur erhalten – allen voran zahlreiche Kelteranlagen. Und der (aus Bordeaux stammende) römische Dichter und Staatsbeamte Decimus Magnus Ausonius schwärmte in seinen „Mosella"-Aufzeichnungen aus dem 4. Jh. von „weintragenden Höhen, wo Bacchus lässt reifen schönduftenden Wein", und schildert „die geschäftigen Winzer, flink bald oben am Gipfel, bald dort, wo der Abhang sich neigt."

Fakten

Insgesamt knapp 9000 Hektar Weinanbaufläche; ungefährer Anteil der weißen Rebsorten an den Rebflächen:

Riesling 5400 ha
Müller-Thurgau (Rivaner) 900 ha
Elbling 500 ha
Weißer Burgunder 350 ha
Grauer Burgunder 200 ha
Kerner 200 ha

Rote Rebsorten:
800 ha, davon die Hälfte *Blauer Spätburgunder* – Tendenz steigend

weitere Infos zur Weinregion Mosel unter:
www.weinland-mosel.de

Mancherorts erfolgt die Weinlese an gefährlichen Steilhängen mit einer Monorackbahn (Foto rechts), einer Einschienen-Zahnradbahn.

TRIER
Maßstab 1:16.000
0
200m
1 = Paul-Trappen-Straße
2 = Heinrich-Rumschöttel-Straße
3 = Röschen-Görgen-Straße
4 = Paul-Schneider-Straße
Mosel
Trier-Nord
Altstadt
Stadtteil Kürenz
(zu Trier)
Stadtteil Gartenfeld
(zu Trier)
Stadtt. Trier-Süd
(zu Trier)
Alt-
Heiligkreuz
Neu-
Trier Hbf.
Trier-Süd
Gbf.
Mosel-
stadion
Städtischer
Friedhof
Porta Nigra
Hauptmarkt
Dom
Kaiserthermen
Amphitheater
Barbarathermen
Römerbrücke
Konrad-Adenauer-Brücke
Nordallee
Ostallee
Südallee
Kaiserstr.
Zurmaiener Str.
Moselstr.
Saarstr.
Olewiger Str.
Weinstraße
Kölner Str.
Bonner Str.
Luxemburger Str.
Aachener Str.
Pacelliufer
St.-Barbara-Ufer
Tiergartenbach
Altbach
6=Hülterweg
1=Fausenburg
1=Athanasius Str.
2=Klaus-Lohmann-Str.
3=Matthias-Wehr-Str.
8=Heinrich-Raskin-S
9=Amely-Goebel-Str
10=Blandine-Merten-S
11=Jenny-Marx-Str.
12=Mutsuko-Ayano-S
13=Beim Praetorium
14=Josef-Harnisch-St
15=Gloucester-Straße
16=Am Staudengarte
17=Maronenhain
1 = Philipp-Loosen-Straße
2 = Von-Bodelschwingh-Straße

RÖMISCHE PRACHT UND REGE MODERNE

Mehr als 2000 Jahre Geschichte birgt Trier in seinem Herzen – vom Regierungssitz des Weströmischen Reichs über die „heilige Stadt" des Mittelalters bis hin zum vielfach umstrittenen Grenzort zwischen Deutschland und Frankreich. Heute ist die älteste Stadt Deutschlands eine lebendige Studenten-, Einkaufs- und Kulturmetropole.

Geschichte

Der Stadtname geht zurück auf den keltischen Stamm der Treverer. 30 v. Chr. errichteten die Römer vorübergehend ein Militärlager auf dem Petrisberg. Die eigentliche Stadtgründung, Augusta Treverorum, erfolgte um 16/17 v. Chr. durch Kaiser Augustus. Bereits in der zweiten Hälfte des 3. Jh. n. Chr. wurde das antike Treveris Bischofssitz. Nach einer Zeit der Zerstörungen durch germanische Stämme 275 erlebte es unter Kaiser Konstantin seine zweite Blüte. Um Ostern 882 fiel die Stadt komplett normannischer Zerstörungswut zum Opfer. Im 10. Jh. erhielt Trier das Marktrecht und entwickelte sich dank der vielfältigen Beziehungen seiner Bischöfe bald zur *civitas sancta* mit einer Fülle von Kirchen und Klöstern. Den Aufschwung unterbrach der Dreißigjährige Krieg (1618–1648). Erst im 18. Jh. setzte eine langsame Erholung ein: die Bevölkerungszahl verdoppelte sich auf 8000, neue Bauprojekte wurden in Angriff genommen. Dann wurde Trier französisch, bis es 1814 die Preußen beanspruchten und in ihre Rheinprovinz eingliederten. Erst verspätet fand die Stadt Anschluss an die Industrialisierung, 1856 dann auch an das Eisenbahnnetz. Nach dem Ersten Weltkrieg war Trier bis 1930 französisch besetzt. Die Öffnung der europäischen Grenzen 1995 (Schengener Abkommen) brachte Trier aus seiner Randlage heraus in das Herz Europas. Von der Einwohnerzahl (ca. 110 000) liegt es nun fast gleichauf mit Koblenz (ca. 114 000). Seit 1986 zählen die Römerbauten, der Dom und die Liebfrauenkirche zum UNESCO-Weltkulturerbe.

Tipp

Fisch und Wein

Mehr als 120 Tropfen von rund 80 Moselwinzern und das zu Weingutspreisen mitten in Trier: In der Oechsle-Weinerlebnis-Welt ist ein repräsentativer Querschnitt der Moselweinproduktion versammelt – inklusive Biogüter. Für 35 € kann man sich durch das ganze Angebot der Vinothek probieren; für 20 € verkostet man sechs Weine (So. keine Weinprobe).

Wein- und Fischhaus Oechsle
Palaststraße 5–7, Trier,
Tel. 0651/9 91 75 55
Restaurant tgl. 11.30–21.00 bzw. Fr., Sa. bis 22.00 Uhr
www.oechsle-weinhaus.de

Am Zurlaubener Ufer reihen sich die Gaststätten. Die Porta Nigra ist das Wahrzeichen Triers.

FÜHRUNGEN
Themen- und Erlebnisführungen bietet die Tourist-Information Trier. Die Palette reicht von der Zenturioführung „Das Geheimnis der Porta Nigra" über eine Wein-Genuss-Tour im Doppeldeckerbus bis hin zum Stadtrundgang mit VR-Brille, die das frühere Trier lebendig macht.

INFORMATION
Tourist-Information der Trier Tourismus und Marketing GmbH, An der Porta Nigra, 54290 Trier, Tel. 0651/97 80 80, www.trier-info.de

Sehenswert

RÖMISCHE BAUWERKE
Weltberühmtes Wahrzeichen Triers ist das Schwarze Tor – die 1 **Porta Nigra** TOPZIEL (ca. 180 n. Chr.). Ursprünglich aus hellen Kylltal-Sandsteinquadern gefügt, erhielt das von den Römern so genannte Marstor schon im Mittelalter seinen neuen Namen, dem es heute mit seinem durch Umwelteinflüsse weiter intensivierten Farbton gänzlich entspricht. Den-

noch gilt es als das am besten erhaltene römische Stadttor nördlich der Alpen. Die 2 **Palastaula** (um 310 n. Chr.), auch **Konstantin-Basilika** genannt, beeindruckt auch heute noch durch ihr Ausmaß: der Thronsaal des römischen Kaisers ist gut 27 m breit, 33 m hoch und 67 m lang und gilt damit als der größte erhaltene Einzelraum der Antike. Alle Pracht – Marmor, Mosaiken, Statuen – wurde von den Franken zerstört. Ab 1614 begann der Anbau dreier Flügel. Seit Mitte des 19. Jhs. wird die auf Geheiß von Preußenkönig Friedrich Wilhelm IV. restaurierte Aula Palatina als die erste und älteste protestantische Kirche im katholischen Trier genutzt. Bis zu 1700 Menschen finden in ihr Platz (Nov., Jan.–März Di.–Sa. 10.00 bis 12.00, 14.00–16.00, Dez. auch Mo. geöffnet, So./Fei. jeweils 13.00–15.00, April–Okt. Mo.–Sa. 10.00–18.00, So./Fei. 14.00–18.00 Uhr). Eine baugeschichtliche Besonderheit stellt das 3 **Amphitheater** (100 n. Chr.) dar: Für die Zuschauertribünen – etwa 20 000 fanden hier Platz – nutzten die römischen Baumeister auf einer Seite der Anlage den Hang des Petrisbergs; nur die andere Seite des Rundes musste aufgeschüttet werden. Das Amphitheater wurde bis Anfang des 5. Jh. genutzt. Heute finden hier u.a. Gladiatoren-Workshops statt. Die 4 **Kaiserthermen** sind die jüngste der drei römischen Badeanlagen Triers. Von der Anlage des 4. Jh. sind aber noch das Caldarium (heute als Theater genutzt) und vier seiner einst sechs Kesselhäuser erhalten, das Frigidarium (Kaltbad) sowie die unterirdischen Bedienungsgänge (tgl. 9.00–18.00, Okt., März bis 17.00, Nov.–Feb. bis 16.00 Uhr). Von einem großzügigen Glasbau beschützt, legen die erst Ende der 1990er-Jahre entdeckten 5 **Thermen am Viehmarkt** (3./4. Jh.) jüngstes Zeugnis der römischen Badekultur in Trier ab (Di.–So. 11.00 bis 17.00 Uhr). Die 6 **Barbara-Thermen** (2. Jh.), einst nach den Trajansthermen in Rom die zweitgrößten dieser Art, sind über einen Steg begehbar (tgl. 9.00–18.00, Okt., März bis 17.00, Nov.–Feb. bis 16.00 Uhr). Von den sieben Pfeilern der 7 **Römerbrücke** stammen noch fünf aus der Zeit zwischen 144 und 152 n. Chr., d.h. der dritten Bauphase des Flussübergangs. Die erste Moselbrücke entstand bereits 16. v. Chr. Von seinen Ausmaßen und seiner Stabilität her zeigt sich der älteste römische Brückenbau nördlich der Alpen sogar dem Verkehr im 21. Jh. gewachsen.

INNENSTADT

Im frühen 4. Jh. wurde über einer konstantinischen Palastanlage der 8 **Dom TOPZIEL** erbaut – damals die größte christliche Kirche der Antike. Das heutige Gotteshaus enthält noch einen römischen Kern mit Originalmauern bis zu einer Höhe von ca. 25 m und birgt als kostbarste Reliquie den „Heiligen Rock" (siehe Special S. 85). Der südliche Teil der römischen Doppelkirche wurde um 1200 abgerissen und vollständig ersetzt durch die frühgotische 9 **Liebfrauenkirche** auf dem Grundriss einer zwölfblättrigen Rose.
Zentrum des mittelalterlichen Triers war der 10 **Hauptmarkt** mit dem markanten Gebäude

Hotel Römischer Kaiser und Petrusbrunnen am Hauptmarkt. Am Viehmarkt schützt ein Glasbau die Reste der römischen Therme.

der Steipe (vom trierischen Dialektwort für „Stütze"), dem Pranger sowie den Zugängen zum Dom, zur **St. Gangolf-Kirche** und zum Judenviertel. Der **Marktbrunnen** in der Mitte (1565) zeigt an der Spitze Petrus, den Schutzpatron des Doms und der Stadt; die Replik des Marktkreuzes erinnert an die Verlegung des Handels vom Flussufer an diese Stelle. Die 1483 eingeweihte **Steipe**, an der auch das rekonstruierte städtische Ellenmaß zu sehen ist, war das Festhaus für Stadtrat und Honoratioren und beherbergt heute das Spielzeugmuseum (Di.–So. 11.00–17.00 Uhr; www.spielzeugmuseum-trier.de). Das benachbarte **Rote Haus** wurde Ende des 17. Jh. für den damaligen Domsekretär erbaut. Die Fassadeninschrift bezieht sich auf die Sage, dass Trier 1300 Jahre älter sei als Rom. Der mittelalterliche 11 **Frankenturm** (Dietrichstr.) ist der einzige noch als Wohnturm erkennbare der einst mindestens neun Trierer Türme und nur zugänglich im Rahmen einer Gruppenführung. 12 **Palais Walderdorff** war ursprünglich als Dompropstei gedacht; Kurfürst Johann Philipp von Walderdorff legte 1765 den Grundstein. Die Franzosen richteten dann hier ihre Präfektur des Saar-Departements ein (1794–1815). Heute beherbergt der Gebäudekomplex, zu dem auch der mittelalterliche Turm Jerusalem gehört, u.a. das Trierer Bildungs- und Medienzentrum, eine Galerie sowie Restaurants und Geschäfte. Im Turm Jerusalem kann man sich trauen lassen.
Lothar von Metternich ließ 1615 die ersten Flügel des 13 **Kurfürstlichen Palais** errichten; unter Erzbischof Johann Philipp von Walderdorff entstand 1756 der Südflügel. Der Palast zählt zu den schönsten Rokokobauten weltweit; mitunter lässt sich seine Pracht bei Konzerten im Großen Saal oder im Sommer im Innenhof erleben. Da das Palais als Verwaltungsgebäude genutzt wird, sind Besichtigungen von Innenhof, Foyer, Treppenhaus und Barocksaal nur eingeschränkt möglich (Auskunft erhält man bei der Tourist-Info).
Über den Pferdemarkt gelangt man ans 14 **Zurlaubner Ufer**, wo ab 1800 erste Fischerhäuser entstanden mit Gärtchen zur Mosel hin. Inzwischen reihen sich hier Gaststätten, Restaurants und Biergärten aneinander.

PETRISBERG

Unter der Bezeichnung 15 **Petrispark** laden die ehemaligen Daueranlagen der Landesgartenschau 2004 heute zu Sport, Kultur (Freilichtbühne) und Entspannung ein. Es gibt auf dem Areal u.a. einen Garten der Region sowie die Gärten der Partnerstädte (Jan.–März, 16. Okt. bis Dez. 8.30–18.00, April–15. Sept. bis 22.00, 16. Sept.–15. Okt. bis 20.00 Uhr). Am Petrisberg oberhalb des Amphitheaters verläuft auch der Trierer 1,6 km lange **Weinkulturpfad**, der in den Stadtteil Olewig führt.

Museen

Das 16 **Rheinische Landesmuseum** (Weimarer Allee 1, Di.–So. 10.00–17.00 Uhr, www.zentrum-der-antike.de) birgt Deutschlands umfangreichste Sammlung zur Zivilisation, Wirtschaft, Siedlung, Religion und Kunst der ersten vier Jahrhunderte nach Christus. Das 17 **Karl-Marx-Haus** (Brückenstr. 10, tgl. 10.00–18.00, kein Einlass zw. 13.00 und 13.30 Uhr. Geschlossen an Rosenmontag, Weihnachten, Silvester und Neujahr, www.fes.de/museum-karl-marx-haus) widmet sich in seiner 2018 neu konzipierten Dauerausstellung dem Leben und Werk des in diesen Mauern geborenen Philosophen und Sozialismus- und Kommunismus-Theoretikers. Architektur und religiöse Kunst sowie liturgische Exponate zeigt das 8 **Museum am**

»JEDER NACH SEINEN FÄHIGKEITEN, JEDEM NACH SEINEN BEDÜRFNISSEN.«

Karl Marx

Dom (ehemals „Bischöfliches Dom- und Diözesanmuseum Trier", Bischof-Stein-Platz 1, Di. bis Sa. 9.00–17.00, So., Fei. 13.00–17.00 Uhr, www.museum-am-dom-trier.de). Die auf diversen Schenkungen Trierer Bürger basierenden Bestände des (18) **Stadtmuseums Simeonstift** (Di.–So. 10.00–17.00 Uhr, https://museum-trier.de) umfassen Gemälde, Skulpturen und Ostasiatika sowie Alltags- und Gebrauchsgegenstände von der frühen Neuzeit bis ins 20. Jh. Hinter dem Museum bzw. der Trier-Infomation steht die umstrittene **Karl-Marx-Statue**, die China 2018 der Stadt Trier schenkte.

Hotels

Im Jugendstil mit modernem Anbau bietet das **€€€ Hotel Villa Hügel** (Bernhardstr. 14, Tel. 0651/937100, www.hotel-villa-huegel.de) 45 Zimmer und einen schönen Wellnessbereich. **€/€€ Hotel ante porta**, Paulinstr. 66, Tel. 0651/436850, www.hotel-anteporta.de. Zeitgenössisches Wohlfühl-Ambiente in frühlingshafter Farbigkeit (38 Zi.), und das nahe der Porta Nigra.

Restaurant

€€€€ Beckers, Olewiger Straße 206, Tel. 0651/938080, www.beckers-trier.de. Sterne-Koch Wolfgang Becker kreiiert phantasievolle Menüs und lässt sich beim Kochkurs über die Schulter schauen. Schlichter ist Beckers Weinhaus mit Landhausküche.
Am **Weinstand auf dem Hauptmarkt** (Ende März–Nov. tgl. von 10.00–22.00 Uhr) kann man Weine aus der Trierer Region kosten und mit den Winzern ins Gespräch kommen.

Feste/Veranstaltungen

Ende Juni belebt das **Altstadtfest** den Citybereich zwischen Porta Nigra und Viehmarktthermen. Anfang Juli lädt der alte Fischer-Stadtteil Zurlauben zum **Moselfest** ein, anschließend feiert der Bezirk Olewig fünf Tage sein **Weinfest**. Und im Juli/August erklingt **Jazz im Brunnenhof**. Ein Highlight im Veranstaltungskalender sind die **Weihnachtsmärkte** an der Porta Nigra, auf dem Domfreihof und auf dem mittelalterlichen Hauptmarkt.

Umgebung

Römische Spuren vielerlei Art lassen sich noch in **Pfalzel** (6 km nördl.) entdecken. Der Ortsname leitet sich her von „Palatiolum" (kleiner Palast). Erbaut wurde dieser befestigte Palais von spätrömischen Kaisern in der Nähe einer ebenfalls von den Römern erbauten Brücke. Im Mittelalter wurden Teile der Palastruine als Wände für eine Klosterkirche (später Stiftskirche) sowie für Keller, Scheunen und Häuser genutzt; aus der gleichen Zeit stammt die Stadtmauer.

JA **NATÜR** LICH

MIT DEM BALLON ÜBER DAS TRIERER LAND

Startpunkt ist der Flugplatz Trier-Föhren, Startzeit entweder kurz vor Sonnenaufgang oder etwa 2 Stunden vor Sonnenuntergang. Zuerst weist der Ballöner René Krämer, ein „Ballonpionier aus Leidenschaft", wie er selbst sagt, ausführlich ein, dann wird der Heißluftballon gemeinsam aufgerüstet. Das ist nicht schwierig und macht richtig Spaß! Anschließend beginnt die Fahrt. Und es geht hoch hinaus. Wohin? Das entscheidet der Wind. Und noch etwas: „Ballöner werden zwar nach Ihrer ersten Fahrt alle in den Adelsstand erhoben (Ballönertaufe, s. u.)," so René Krämer, „aber im Korb sind alle per Du."

In den Korb passen maximal vier Passagiere. Aber Sie können sich vollkommen frei bewegen, Fotos machen, die Stille im Ballon bzw. den imposanten Blick über das Trierer Land genießen. Angst oder Unbehagen kommen bei dieser Fahrt auf keinen Fall auf! Denn René ist tatsächlich ein absolut routinierter Ballonführer, wie man schnell feststellt. Als Gast fühlt man sich bei ihm total sicher. Nach 60 bis 90 Minuten steuert unser Pilot einen geeigneten Landeplatz an, wo der Ballon wieder gemeinsam zusammengelegt und in den Anhänger verpackt wird, den die „Verfolger", von den Ballönern liebevoll „Erdferkel" genannt, zum Landeort gefahren haben. Zum Abschluss gibt es eine standesgemäße Taufe mit hauseigenem Winzersekt und einer Taufurkunde, bevor es an den Startort, Flugplatz Trier-Föhren, zurückgeht.

Bei René Krämer fühlt man sich im Ballon absolut sicher.

Feste Schuhe und feste Kleidung sind unabdingbar für eine Fahrt im Ballon, also z.B. Wanderschuhe und Wanderkleidung. René empfiehlt auch bei sommerlichen Temperaturen eine lange Hose, da die Landung auf Wiesen erfolgt, wo es Stechmücken geben kann. Für den Aufbau, die eigentliche Fahrt, den Abbau, die zeremonielle Taufe und die Rückfahrt auf der Straße sollte man drei bis vier Stunden einplanen.

Moselballoning: René Krämer, Buchung über die Webseite, https://moselballoning.de oder per E-Mail: info@moselballoning.de
1 Person: 250 Euro, Romantikfahrt: 849 Euro für 2 Personen

Saar/Obermosel

*

LAND MIT VIELEN FACETTEN

*

Antike Architektur, moderne Skulpturen, artenreiche Naturlandschaften, ein besonderer Wein, eine Stadt mit Wasserfall und die romantische Klause von Preußens Stararchitekt Karl Friedrich Schinkel – zwischen Mosel und Saar im Grenzland zu Luxemburg wird für Auge, Seele und Gaumen viel geboten.

Eine mittelalterliche Burg und die Saar gaben dieser Stadt ihren Namen: Saarburg.

Nittel liegt unmittelbar an der Grenze zu Luxemburg, die die Mosel markiert. Der Fluss macht hier eine elegante S-Kurve. In der größten Weinbaugemeinde an der Obermosel wird überwiegend die Rebsorte Elbling angebaut.

Der Name von Tawern geht zurück auf eine Raststätte mit Umspannstation für Zugpferde, lateinisch *taberna*. An der Römerstraße von Metz nach Trier sind auf dem Tawerner Menzenberg Reste einer großen Tempelanlage erhalten, darunter ein Heiligtum für Merkur (oben), den Gott der Reisenden und Händler.

Schloss Thorn, ein ausgezeichnetes Weingut, liegt reizvoll direkt am Fluss.

Radfahrer vor der Rochuskapelle, die hoch über dem Moseltal oberhalb von Nittel thront und zu der alljährlich Christen am 16. August in einer Prozession zu Ehren des heiligen Rochus pilgern.

»VOM GIPFEL BIS ZUM FUSSE SIND DIE FELSEN UND DIE SONNIGEN HÖHEN MIT REBEN BEPFLANZT.«

Decimus Magnus Ausonius, „Mosella“, um 371

Bocksriemenzunge. Hummelragwurz. Zwei ausgefallene Namen für diese Geschenke der Natur, die immer seltener werden. Die beiden Orchideenarten stehen in Deutschland auf der Roten Liste der vom Aussterben bedrohten Arten. Auf dem Nitteler Fels indes lassen sie sich noch entdecken. Sie fühlen sich offenbar recht wohl auf der bis zu 40 m aufragenden Wand aus Muschelkalk – ebenso wie ihre Artgenossen auf dem Plateau des Löschemer Bergs bei Wasserliesch. 28 seltene Pflanzenarten, darunter weitere Orchideenarten mit so ungewöhnlichen Namen wie Ohnhorn oder Helm-Knabenkraut, wachsen im Naturschutzgebiet Perfeist.

BIOLOGISCHER HOTSPOT

Sowohl Nittel als auch Wasserliesch liegen in einer „biologischen Hotspot-Region“. Dreißig solcher ob ihrer hohen Dichte und Vielfalt charakteristischer Tier- und Pflanzenarten förderwürdigen Gebiete hat das Bundesamt für Naturschutz 2012 deutschlandweit ausgewählt. Zum Hotspot Naturpark Saar-Hunsrück zählen neben dem Landkreis Trier-Saar u.a. auch der von Bernkastel-Wittlich. In diesen Regionen können thematische Schwerpunktprojekte gefördert werden. Dies betrifft rund 40 Tier- und Pflanzenarten, darunter Feuersalamander, Gelbbauchunke, Fluss-Perlmuschel und Galmei-Stiefmütterchen.

SCHINKELS KLAUSE

Violett und sonnengelb leuchten die Fensterornamente, Sterne, Rauten, Quader in senkrechter Reihung – drei identische, fröhliche Tableaus am Kopfende eines kapellenartigen Raums, in dem nichts steht als ein Sarkophag. Gemeißelt aus schwarzem Marmor, bedeckt mit einer Bronzeplatte, die auf dem Rücken vier kleiner Löwenfiguren ruht und in der Mitte eine Krone zeigt, steht das Totenbehältnis hoch über Kastel-Staadt: in jener Klause, die der preußische Baumeister Karl Friedrich Schinkel entworfen hat. Wie kam es dazu?

Schinkels Auftraggeber war Friedrich Wilhelm, der spätere König von Preußen. Der Kronprinz besuchte 1833 die Rheinlande und war auch Gast des Steingutfabrikanten J. F. Boch-Buschmann. In dessen Fabrik, der ehemaligen Abtei von Mettlach, befand sich seit der Französischen Revolution der Sarg von König Johann von Böhmen und Luxemburg – genannt der Blinde –, der 1346 in der Schlacht von Crécy gefallen war. Friedrich Wilhelm erbat den Sarg, um seinem Ahnen eine würdige Ruhestatt zu geben. Da das nahegelegene Kastel einst zu den Besitzungen des gefallenen Königs ge-

Von der Cloef aus öffnet sich eine berühmte Aussicht auf die Saarschleife. Der Fluss durchbricht hier bei Mettlach den Taunusquarzit, bildet eine elegante Schlinge und zeigt, welchen natürlichen Lauf sich Wasser sucht, wenn man es denn lässt.

Nahe Kastel-Staadt hat ein großer Baumeister ein Spätwerk hinterlassen: Karl Friedrich Schinkel errichtete eine zerfallene mittelalterliche Klause neu im südländisch-romanischen Stil.

Zur Klause gehören auch die Felskapellen.

hörte, sollte Schinkel die dortige verfallene Klause wieder aufbauen und als Grabstätte herrichten. Der eigentlich dem Klassizismus verpflichtete Stararchitekt des Königreichs Preußen gestaltete den Aufbau im Stil südländischer Romanik mit Rundbogenfenstern, Säulenarkaden und einem an italienische Vorbilder erinnernden Glockengiebel.

KULTSTÄTTE DER KELTEN

Den Ort von Schinkels Werk nutzten schon Kelten und Römer als Kultstätte. Zur Zeit der Kreuzzüge wurden in den weichen Sandstein Höhlen, Nischen und Kammern nach dem Vorbild Jerusalems bzw. Golgathas eingegraben. Viele fromme Einsiedler lebten hier.

Um 1600 ließ der Franziskaner Roméry eine zweigeschossige Kapelle errichten. In dieser Zeit entstanden auch eine Grabnische und mehrere Quellbecken. Der letzte Klausner verließ den Ort nach der Französischen Revolution. Noch heute lässt sich der Klausenfelsen erwandern; der Sarkophag jedoch ist leer: Die Gebeine des böhmischen Königs ruhen inzwischen in der Kathedrale von Luxemburg, 1946 überführt.

WO DIE MÜHLE KLAPPERT

Es tost und plätschert, strudelt und wogt, spritzt und zischt: Saarburg und seine

Special

Apfelwein

Ein köstlicher Weinersatz

Sein Name bedeutet Stellvertreter, aber tatsächlich ist der Viez wohl eher eine angenehme Ergänzung zu all den Weinen, die an den Ufern von Mosel und Saar gedeihen.

„Vice", so die lateinische Wurzel von Viez, bedeutet „anstatt" – und tatsächlich konnten sich im historischen Rebland bei Trier nicht alle Menschen Wein leisten. Sie tranken im Alltag „vice vinum", also „Ersatzwein", einen Aufguss aus den gekelterten, ausgepressten Weintrauben. Diese trockenen Rückstände, der Trester oder Treber, wurden mit Wasser übergossen, und das Gemisch schmeckte nach einiger Zeit ein wenig nach Wein oder zumindest nach Trauben.

Später bürgerte sich der Begriff Viez für einen Trunk aus frisch gepressten Äpfeln ein. Wurde er in Holzfässern vergoren, sprach man (und so ist es noch heute) vom „sauren Viez", während der unvergorene Saft als „süßer Viez" bezeichnet wird.

Die Viezstraße geht auch durch Perl.

Viez-Äpfel sind in der Regel ziemlich sauer; typische Mostäpfel also, kaum zum Verzehr geeignet. Inzwischen ist dem mosel- und saarländischen Apfelwein sogar eine Themenroute gewidmet: die Viezstraße. Sie führt von Merzig an der Saar in zahlreichen Schleifen über den Saargau bis in die Moselstadt Trier. Und auf den braunen Hinweisschildern mit dem stilisierten schwarz-weißen Apfel steht auch ihr französischer Name: Route du Cidre.

Flüsse fließen durch so manche Stadt. Doch ein Wasserfall, wie er in Saarburg rauscht, genießt Seltenheitswert.

Von der Burg oberhalb Saarburgs sind nur noch Ruinen erhalten. Auch der Ausblick auf befestigte Ufer, Betonbrücken und Industrieanlagen beweist, dass die Zeit nicht stehengeblieben ist.

Beim Blick über Saarburg fällt die St.-Laurentius-Kirche auf. Seit 1593 trägt ihr Turm zwei Spitzhelme.

Das Flüsschen Leuk beschert Saarburgs Altstadt eine stimmungsvolle Uferpartie.

Umgebung sind vom Wasser geprägt. Dutzende von Mühlrädern drehten sich einst von ihm angetrieben in der Region, um Korn zu mahlen. Das an Chlorkalium und Chlormagnesium reiche Wasser des Salzbrünnchens im Kammerforst, schon von den keltischen Eisenhandwerkern und später den Bewohnern der römischen *villa rustica* am Hang oberhalb genutzt, ließ Mitte des 19. Jh.s sogar kurzzeitig einen Kur- und Bäderbetrieb erblühen.

STADT MIT WASSERFALL

Und welch wichtigen Anteil am Leben das Flusswasser außer für die Müller hatte, zeigen noch heute in Saarburg die alten Hausmarken über den Türen:

ES TOST UND PLÄTSCHERT, STRUDELT UND WOGT, SPRITZT UND ZISCHT: WASSER IN ALLEN VARIANTEN PRÄGT SAARBURG UND SEINE UMGEBUNG.

Fisch-, Anker-, Bootshaken und Rudersymbole neben den Jahreszahlen und Initialen der Besitzer verweisen auf den einstigen Berufsstand der Fischer und Schiffer. Selbst die Saarburger Glockengießer brauchten Wasser: für den mit Ziegeln hohl aufgemauerten Kern aus Lehm, der der späteren Glocke entspricht, und für die Reinigung der bronzenen Klangkörper nach ihrer Befreiung von Mantel und Kern. Damit Wasser überhaupt durch die Stadt floss, leiteten die Saarburger das Flüsschen Leuk kurzerhand um. So kommt es, dass heute mitten in der Altstadt ein Wasserfall zu bestaunen ist, wo das Wasser rund 18 Meter in die Tiefe stürzt.

STEINE AM FLUSS

Ganz still ist es nicht in dem Stein. Das Glucksen des Wassers scheint sogar lauter als draußen. Aber all die anderen

Der Muschelkalk an der saarländischen Mosel tut auch den Burgunderweinen gut: Als Grauer und Weißer Burgunder und als Spätburgunder fließt er in der Wein- und Sektmanufaktur Petgen in Perl-Sehndorf ins Glas. Ein Teil der Ernte wird zu „Saarländischem Sekt" verarbeitet.

Dem Dreiklang aus Wellness, Wohnkultur und Essgenuss hat man sich auf Schloss Berg bei Perl-Nennig verschrieben (oben). Für höchste Gourmetfreuden sorgt Drei-Sterne-Koch Christian Bau im Restaurant Victor's (rechts).

Bei Perl haben Archäologen eine der größten römischen Villenanlagen im Saar-Mosel-Kreis entdeckt. In der rekonstruierten Villa Borg kann heute der Komfort der römischen Besatzer bestaunt werden. Und in der Taverne wird wie zu Zeiten Lukulls aufgetischt.

Umgebungsgeräusche hört man nur gedämpft im Innern der Pyramide, die der Bildhauer Christoph Mancke für die Mündung der Saar in die Mosel geschaffen hat. Mit weiteren, größtenteils aus Udelfanger Sandstein geschaffenen Skulpturen von fünfzehn Künstlerkollegen aus Luxemburg, Frankreich, Italien und Österreich ziert Manckes Dreieck die Flusslandschaft der Obermosel. „Steine am Fluss“ nennt sich das Skulpturenprojekt. Aber nicht nur von Konz über Wasserliesch und Oberbillig, Wellen und Nittel bis hinab zur Steinplastik „Communicare“ von Claudia Farina in Palzem reicht das Aufgebot der Künstlersteine. Auch längs der Saar lassen sich ein gutes Dutzend Skulpturen entdecken: zum Beispiel der „Feuersprung“ am Wiltinger Saarbogen, ein blattloser Baum aus Stahl, konzipiert von der Isländerin Sigrún Olafsdóttir; oder die „Stille“ im Mannebachtal bei Tawern, eine fast transparente Kugel aus filigranen Stahlmatten von Werner Bizigeio. Das „Feuer“ in Saarburg, geschaffen von dem Lothringer Louis Theobald, vereint Stein und geschmiedetes Eisen. Die Skulptur „Erde“ des rumänischen Künstlers Joan Thimmel bei Ayl-Biebelshausen schwingt sich in Gestalt eines überdimensionalen Schiffstaus in den Himmel.

Wellness

TEPIDARIUM UND TRAUBENKERNE

Körperpflege, Entspannung, Schönheitsrituale und Gesundheitsvorsorge haben an den Ufern der Mosel eine lange Tradition – schon die Römer schufen hier prunkvolle Stätten antiker Badekultur.

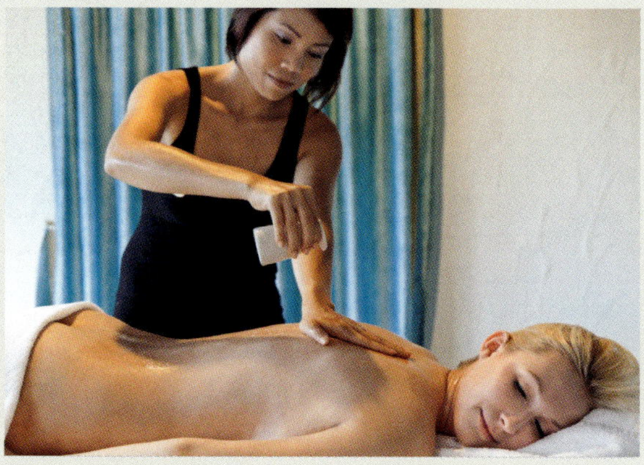

Eine Wohltat für Körper und Seele: Massagen, Wasseranwendungen, Wärme

Kaltbad, Warmbad, Laubad, Schwitzbad, Gymnastikraum, Taverne – nicht nur in Trier, der Metropole von Kaiser Augustus, sondern auch in den ländlichen Regionen der römischen Provinz wie etwa an der Obermosel ließen die Menschen es sich schon vor rund 2000 Jahren wohl sein und gönnten ihrem Körper neben köstlichem Wein auch die Segnungen von Wasser und Wärme.

RÖMISCHE BADEKULTUR

Welch hohen Stellenwert die antike Badekultur an den Ufern der Mosella besaß, verdeutlicht sehr schön der rekonstruierte Badetrakt im Archäologiepark Römische Villa Borg bei Perl. Marmorbecken, kunstvoll bemalte Wände in sattem Rot, Türkis oder fast durchsichtigem Blau, jeweils der Funktion bzw. Temperatur des Raumes entsprechend, prächtige Mosaikfußböden, Statuen, herrlich verzierte Wasserschalen. Wellness-Tempel, so würde man heute sagen, denn tatsächlich stand wie in diesen nicht das Reinigen des Körpers im Vordergrund, sondern seine Entspannung, sein Wohlbefinden, mitunter auch ein wenig seine Ertüchtigung.

So umfasste ein römisches Bad neben Tepidarium (Temperatur 38 bis 40 °C, beheizter Marmorfußboden bzw. Steinliegen, trockene Luft), Caldarium (mildes Dampf- und Inhalationsbad mit Kräuteraufgüssen und ätherischen Ölen, Temperatur ca. 40–50 °C, sehr hohe Luftfeuchtigkeit), Laconicum bzw. Sudatorium (60 °C; etwa unserer heutigen Sauna entsprechend) und Frigidarium (Kaltbaderaum zum Abkühlen) auch Trainings-, Ball-Spiel- und Massageplätze, Terrassen zum Sonnenbaden sowie Gärten zum Umherwandeln. Zudem konnte man die Offerten zahlreicher Köche und Händler auf dem Thermengelände genießen.

Neben Freizeitvergnügen und Gesundheitsvorsorge stand selbstverständlich auch Körperpflege auf dem Programm bei einem Badbesuch; entsprechende Utensilien, wie Öle, Duftwässer und Handtücher brachte man mit – ebenso wie eigene Diener, wenn

Auf die wohltuende Kraft von Traubenkernen auf der Haut setzt man im Hotel Richtershof in Mülheim/Mosel.

Düfte, Blüten und edle Essenzen verwöhnen auf Schloss Berg bei Perl-Nennig.

man es sich leisten konnte. Diese bewachten die Garderobe, massierten den Herren und halfen bei Körperpflege und Haarentfernung. Auch ausgiebiges Salben, Frisieren und Schminken nach dem Baden gehörten dazu. Wer keine eigenen Diener dabeihatte, konnte sich vor Ort einen Bader mieten.

BADEKULTUR HEUTE

Antike Badekultur in zeitgenössischer Form, ergänzt häufig um Wohlfühlofferten fernöstlicher oder orientalischer Art, finden sich heute wie zu Römerzeiten auch in den kleineren Moselorten.

In Mülheim etwa, wo im luxuriösen Ambiente des 1000 m² großen Spas im Hotel Weißer Bär neben Dampfbad und Saunen auch Rasul, Algenpackungen, Massagen und Traumbäder mit edlen Badezusätzen für Schönheit und Entspannung sorgen. Beim sogenannten Brechelbad werden die Fußsohlen mit Tannenzweigen stimuliert. Traubenkerne werden sowohl bei einem Peeling für die Füße als auch zur Ganzkörpermassage eingesetzt. Zarteste Haut ist das Ergebnis!

Wellness-Anbieter (Auswahl)

Bernkastel-Kues: *Hotel „Zum Kurfürsten"* mit Zentrum für Traditionelle chinesische Medizin (www.zum-kurfuersten.de)

Mülheim: *Hotel „Weißer Bär"* (Spa kann auch von Nicht-Hotelgästen genutzt werden; www.hotel-weisser-baer.de)
Mülheim: *Weinromantikhotel Richtershof* (www.weinromantikhotel.com)

Perl-Nennig: *Victor's Residenz-Hotel Schloss Berg* (www.victors.de)

Traben-Trarbach: *Ayurveda-Kurhotel „Parkschlösschen"* (www.ayurveda-parkschloesschen.de)

Trier: *Hotel Park Plaza,* mit römischem Laconium und Steinschwitzbad (www.parkplaza-trier.de)

Was die Badekultur anbelangt, hatten die Römer den Kelten und Germanen einiges voraus. Wellness der gehobenen Klasse mit antikem Flair bietet Schloss Berg bei Perl-Nennig.

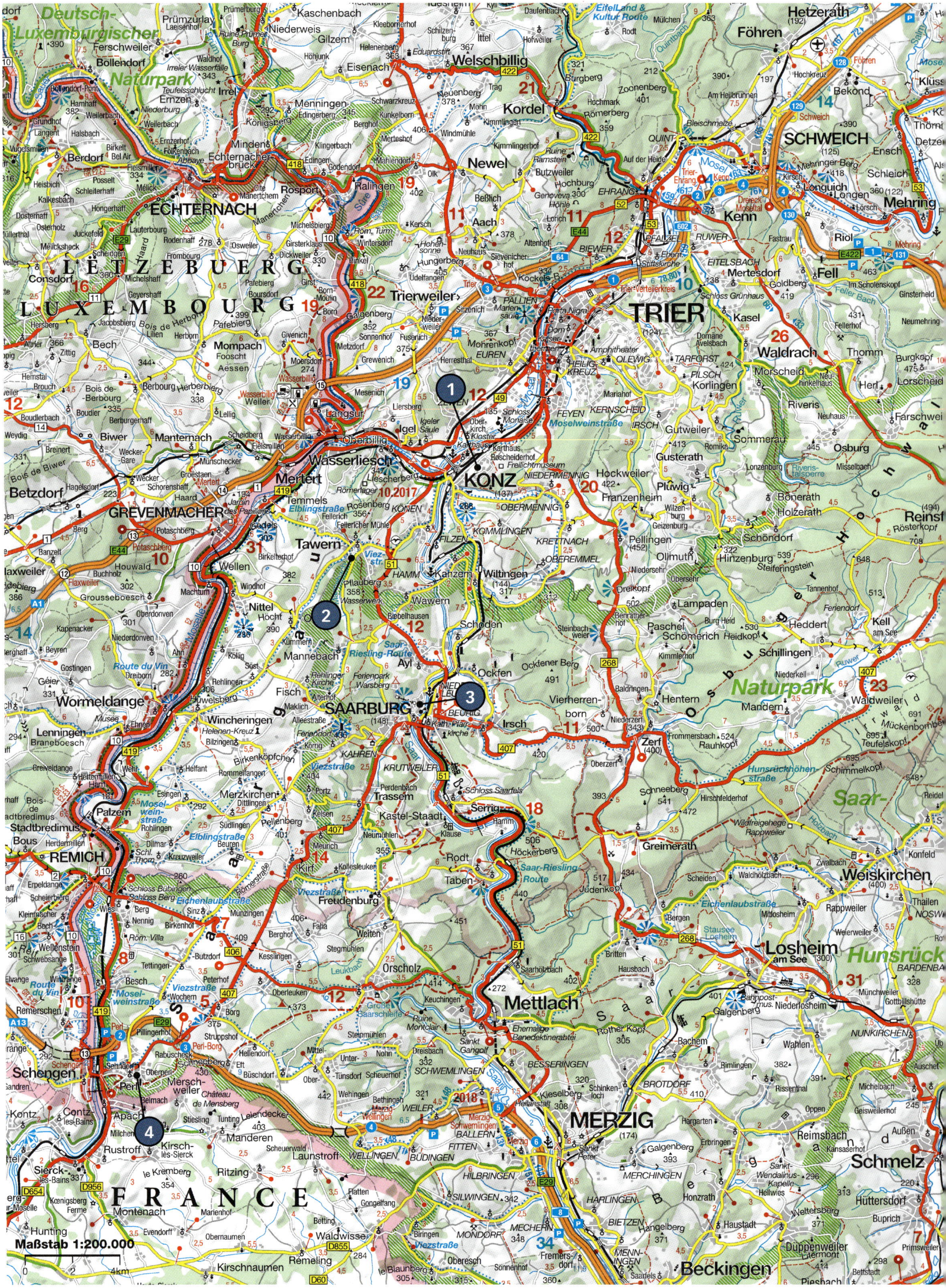
Deutsch-Luxemburgischer Naturpark
LETZEBUERG
LUXEMBOURG
FRANCE
ECHTERNACH
Trierweiler
TRIER
Schweich
Konz
Wasserliesch
Igel
Langsur
Mertert
GREVENMACHER
Tawern
Wellen
Nittel
Saarburg
Ayl
Ockfen
Irsch
Wormeldange
Remich
Stadtbredimus
Palzem
Freudenburg
Orscholz
Mettlach
Merzig
Schengen
Perl
Kirsch-lès-Sierck
Waldrach
Kell am See
Losheim am See
Weiskirchen
Schmelz
Beckingen
Zerf
Hentern
Föhren
Kenn
Mehring
Longuich
Fell
Kordel
Welschbillig
Hetzerath
Osburg
Naturpark Saar-Hunsrück
Moselweinstraße
Saar-Riesling-Route
Viezstraße
Route du Vin
Maßstab 1:200.000
0 2 4km

JUWEL IM DREILÄNDERECK

Lebendiges Römererbe, charmante Winzerdörfer und ein kleines Venedig mit Wasserfall und Höhenburg prägen den Landstrich zwischen Mosel und Saar. Neben Kultur und Kulinarischem bietet er auch eine Fülle von Freizeitaktivitäten.

❶ Konz

Schon in der Bronzezeit war die Stelle, an der die Saar in die Mosel mündet, besiedelt; die Römer erwähnen sie als *contionacum*. Später entstand dann in der Gemarkung auch eine Kartause, und im 19. Jh. wurde Konz (heute ca. 18 000 Einw.) ein wichtiger Eisenbahnknotenpunkt.

SEHENSWERT

Vom Marktplatz mit der Replik des riesigen Konstantinfußes geht es via Hauptbahnhof, der um 1860 im Stil eines italienischen Palazzos entstand, hinüber zur modernen, zeltförmigen Kirche St. Nikolas und den Relikten des **Römischen Sommerpalasts** (4. Jh.). Der Dichter Ausonius schrieb hier einst Teile seines Werks „Mosella" nieder. Nach dem Frankensturm verfiel der Palast. Im Mittelalter wurde dann eine Kirche errichtet. Auf ihrem Friedhof sowie in ihrer Krypta finden sich noch römische Mauerreste; zu sehen ist auch ein unter dem Gotteshaus liegender Heizgang.
Der nördliche Stadtteil Karthaus hat seinen Namen nach einem ab 1680 erbauten Kloster. Zwar wurde die **Kartause** 1794 von den Mönchen aufgegeben; in ihren wesentlichen Teilen (Kirchenschiff, Kreuzgang) blieb sie jedoch erhalten. Heute dient das schlossähnliche Gebäude als Bürgerhaus und Kulturzentrum.
In Konz beginnt an der Saarmündung der bis nach Palzem längs der Mosel verlaufende **Skulpturenweg „Steine am Fluss"** mit zahlreichen Werken von internationalen Künstlern.

MUSEUM

Mehr als 4000 m² volkskundliche Ausstellungen vom Weinbau bis zum Schulwesen und Zahnarztpraxis umfasst das **Freilichtmuseum Roscheider Hof**. Lebens- und Arbeitsumstände im ländlichen Alltag des Dreiländerecks lassen sich in der Kulisse original wiedererbauter Häuser und Gehöfte des 19./20. Jh. unmittelbar nachvollziehen. Zum Konzept gehören u.a. Vorführungen alter Arbeitstechniken und Aktionstage. Zudem gibt es diverse Gärten, ein Spielzeug- und Zinnfigurenmuseum sowie einen großen, naturnahen Kinderspielplatz und ein Restaurant mit Biergarten (Roscheiderhof 1, Di.–Fr. Mo.–So. 10.00–18.00, Nov.–März Sa., So. 10.00–17.00, Nov.–März jeweils bis 17.00 Uhr, www.roscheiderhof.de).

Lernen auf dem Weinlehrpfad Nittel, Segelfreuden auf der Mosel bei Konz und historischer Laden im Freilichtmuseum Roscheider Hof

UMGEBUNG

Die etwa 23 m hohe Igeler Säule in **Igel** (auf dem gegenüberliegenden Moselufer) ist das größte römische Pfeilergrab nördlich der Alpen. Der quadratische Sandsteinpfeiler (ca. 250 n. Chr.) mit figürlichen Reliefdarstellungen markiert die letzte Ruhestätte der Tuchhändlerfamilie Secundinius.

INFORMATION

Tourist-Information, Saarstr. 1
54329 Konz, Tel. 06501/6 01 80 40
www.saar-obermosel.de

❷ Tawern

Hervorgegangen aus einer römischen Straßenstation (*taberna*), an der Händler mit ihren Fuhrwerken Rast machten, veranschaulicht der Weiler Tawern (ca. 3000 Einw.) gallo-römische Geschichte.

SEHENSWERT

Den Metzenberg krönt eine wiedererbaute gallo-römische **Tempelanlage**. Zudem liegen am Neubaugebiet unter dem Parkplatz im Wald die Überreste eines römischen Straßendorfs (*vicus*). Die Grundmauern von zehn Gebäuden (darunter eine Schmiede) wurden bislang ausgegraben an dieser Stelle des Mannebachtals, durch das einst die wichtigste Handels- und Militärstraße zwischen Trier und Rom verlief. Infotafeln und ein Modell erläutern die Anlage.

UMGEBUNG

Zirka 8 km von Tawern liegt am Moselufer der Weinort **Nittel** zwischen hohen Dolomit- und Kalksteinfelsen. Hoch über dem Dorf steht die Wallfahrtskapelle St. Rochus, von der sich ein schöner Panoramablick bietet. In **Nittel-Rehlingen** gibt es einen römischen Ziegelofen (2./3. Jh). Der zum Brennen von Dachziegeln benutzte Mergel aus Muschelkalk wurde in dessen Nähe gewonnen. Gut erhalten sind u.a. die Feuerstelle mit den Brennkammern, der Bedienungsraum und der Mittelgang.

INFORMATION

Tourist-Information Saar-Obermosel
s. Konz oder Saarburg, www.tawern.de

3 Saarburg

Mit seiner mächtigen Burgruine, dem mittelalterlichen Kern und dem einstigen Fischerviertel erzählt das Wasserstädtchen Saarburg (ca. 7500 Einw.) eine mehr als tausendjährige Geschichte. Graf Siegfried von Luxemburg ließ 964 die namengebende Höhenfeste erbauen. König Rudolf von Habsburg erhob die zu ihren Füßen gewachsene, strategisch bedeutsame Siedlung anno 1291 in den Rang einer Stadt.

SEHENSWERT

Wunderhübsch zeigt sich die **Altstadt** **TOP-ZIEL**. Vom Rathaus am Fruchtmarkt ist es nicht weit zum **Buttermarkt**. Diesen säumen auf mächtigen Eichenpfählen ruhende Bürgerhäuser, Läden und Gaststätten, dazu kommen die schmalen Brücken über den Leukbach, die Saarburg den Beinamen „Klein-Venedig" eintrugen. Von dort gelangt man rasch zur Hauptattraktion der Stadt: dem **Wasserfall**. Fast 20 m stürzt er inmitten der Häuser über Felsen in die Tiefe. Seine Kraft trieb die Stadtmühlen im Talkessel an; heute wird mit einer Turbine Strom für die Beleuchtung des Buttermarkts erzeugt. An der Tümpelsmauer (1641) vorbei führt ein Rundweg den **Laurentiusberg** hinab. Das Laurentiustor riegelte im Mittelalter die befestigte Oberstadt von der bis zum 17. Jh. unbefestigten Unterstadt ab. Die steile Gasse öffnet sich zum **Staden**, einst Viertel der Schiffer, Fischer und Gerber. Am **Alten Markt** steht das Stammhaus der Glockengießerfamilie Mabillon (1773). In der Gießerei einige Schritte weiter wurden von 1770 bis 2002 Glocken gegossen (s. Museen).
Oberhalb der Gießerei thront auf einem Bergrücken die **Saarburg**; über gut hundert Stufen gelangt man zur Aussichtsplattform der Ruine. Von hier bietet sich ein herrlicher Blick über die Stadt und ins Saarburger Land. Wuchtig thront über der Altstadt die **Laurentiuskirche** (16. Jh.) mit ihren nachträglich angefügten Türmen. Nebenan steht der **Kunoturm** als Rest der Stadtbefestigung.

Tipp

Für Gartenfreunde

Der Erbpächter des Trierer Domkapitels ließ sich 1733 in Perl zwischen Pfarrkirche und Quirinuskapelle ein stattliches Hofhaus erbauen, das später in den Besitz der Familie von Nell überging. Gegenüber dem Palais (das nicht besichtigt werden kann) führt ein Portal in den Nellschen Park, der zum historischen Barockgarten umgestaltet wurde. Jahreszeitlich wechselnde Beete zeigen hohe Gartenkunst.

NELLSCHER PARK
Biringer Straße, Perl
ganzjährig geöffnet, Eintritt frei

Garten von Schloss Berg in Perl, im Museum Glockengießerei in Saarburg, Morgenstimmung an der Saarschleife am Aussichtspunkt Cloef.

MUSEEN

In der ehemaligen Kurfürstlichen Mühle, einem historischen „Salönchen", richtete die Stadt das **Amüseum** ein mit einer Präsentation der Saarburger Handwerksberufe. Das Museum birgt eine Druckstube, die Schusterei mit Gerberei (um 1850 gab es noch sechs Gerbereien in Saarburg) sowie einen Raum zum Thema Schifffahrt. In Wechselausstellungen werden regionale Künstler vorgestellt, für Kinder gibt es ein interaktives „Museumsquiz" (Am Markt 29, So.–Fr. 11.00–16.00 Uhr, www.amueseum-saarburg.de).
In der mittelalterlichen Hackenberger Mühle wurde bis 1974 Getreide gemahlen; die Mühlräder drehen sich aber bis heute, denn inzwischen ist die dreiteilige Anlage **Mühlenmuseum**. Im Keller sind die vielen Zahnräder zu sehen, die durch einen Lederriemen mit dem Mahlwerk im oberen Geschoss verbunden waren. Die oberen Räume bergen verschiedene Mahlwerke und andere Geräte zur Mehlerzeugung (April–Okt. Di.–So. 14.00–17.00 Uhr). Ein hoher Ziegelschornstein und ein stilisierter Glockenturm verweisen auf das **Museum Glockengießerei Mabilon** (Mo.–Fr. 9.00 bis 17.00, Sa./So. 11.00–17.00 Uhr, www.museum-glockengiesserei-mabilon.de). Das Museum ist Teil der KulturGiesserei, zu der auch das integrative Café Urban gehört (www.kulturgiesserei-saarburg.de).

AKTIVITÄTEN

Die **Sommerrodelbahn** oberhalb des Aussichtspunkts am Dachswald ist über die **Sesselbahn** vom Burgberg aus erreichbar (www.sommerrodelbahn-saarburg.de). Tägl. Flugvorführungen (März–Nov.) im Greifvogelpark garantieren Spannung für Groß und Klein (www.greifvogelpark-saarburg.de). **Schiffsausflüge** auf die untere Saar und an die Mosel bietet die Saar-Personenschifffahrt an (ab Schiffsanlege nördlich der Altstadtbrücke, Tel. 06581/9 91 88, www.saarflotte.de).

HOTEL

€€€ Hotel-Restaurant Saarburger Hof, Graf-Siegfried-Str. 37, Tel. 06581/9 28 00, www.saarburger-hof.de. Nahe beim Pferde- und Buttermarkt bietet das stilvolle Hotel geruhsame Nächte und eine exzellente Küche.

RESTAURANT

€€ Schlossberg Brasserie, Am Markt 26–28, Tel. 06581/6 05 20 22, www.schlossberg-brasserie.de. Direkt am Wasserfall gelegen ist die Brasserie der perfekte Ort für ein sommerliches Frühstück oder eine kurze Pause während des Stadtspaziergangs.
€€€ Zunftstube, Am Markt 11, Tel. 06581/9 18 70, https://restaurant-zunftstube.de. Das Restaurant am Wasserfall bietet regionale Gerichte. Im Hotel gibt es acht Zimmer.

UMGEBUNG

Keltische Spuren, antike Wassersysteme, eine acht Meter breite römische Straße, Eremiten-Höhlen – vor allem aber die Schinkel-Klause auf einem Sandsteinfels hoch über dem Saartal prägen das Bild von **Kastel-Staadt** (8 km südl.). Aus der mittelalterlichen Einsiedelei mit um 1600 entstandener Kapelle erschuf Karl Friedrich Schinkel, der Baumeister des preußischen Königs Friedrich Wilhelm IV., ein Grabmal für den blinden Böhmenkönig Johann (mehr dazu ab S. 99). Klause und Höhlen können besichtigt werden. Die wechselvolle Geschichte des Orts auf einem Plateau gegenüber von Serrig erschließt sich am besten auf dem archäologischen Lehrpfad.
Bei **Mettlach-Orscholz** (15 km südl.) erhebt sich die Cloef – ein Felsen, von dem aus man die berühmte Aussicht auf die Saarschleife genießt (s. Bild oben und S. 100). Ein Besuchermagnet ist der dort errichtete Baumwipfelpfad (s. S. 121). Für Freunde von edlem Porzellan lohnt ein Besuch in der 2025 neu eröffneten Erlebniswelt der Firma Villeroy & Boch (Mettlach, Saaruferstraße, Alte Abtei, aktuelle Öffnungszeiten u. Infos unter www.villeroy-boch.de).

INFORMATION

Tourist-Information Saar-Obermosel
Graf-Siegfried-Str. 32, 54439 Saarburg
Tel. 06581/99 59 80, www.saarburg.de

4 Perl

Berühmt ist Perl (ca. 8500 Einw.) vor allem wegen des großartigen römischen Mosaiks im Ortsteil Nennig. Im Teilort Borg wurde ein römisches Landgut rekonstruiert. Zudem locken ein Schloss(hotel) und historische Gärten.

SEHENSWERT

Zwischen dem 1. und 4. Jh. wurde im Ortsteil Nennig auf dem Areal eines bäuerlichen Anwesens eine **Villenanlage** errichtet – mit Wohn- und luxuriösem Repräsentationsgebäude. Eine ihrer im 19. Jh. bei Ausgrabungen gefundenen Fußbodenflächen gilt als das größte und besterhaltene **antike Mosaik** nördlich der Alpen. Der prachtvolle Steinchenteppich zeigt in seinen sieben (von einst acht) Medaillons Szenen aus einem Amphitheater mit Gladiatoren, Tieren, Musikern. Zur Anlage gehören auch das Badegebäude sowie ein der letzten Ruhestätte von Kaiser Augustus in Rom nachempfundener Grabhügel (Römerstr. 11, März–Sept. Di.–So. 8.30–12.00, 13.00–18.00 Uhr, Okt./Nov. kürzer, Dez.–Feb. geschl., Tel. 06866/13 29).
Im **Archäologiepark Römische Villa Borg** wird nicht nur seit Jahrzehnten wissenschaftlich ausgegraben, sondern man hat auch den gesamten Gutsbezirk auf den römischen Fundamenten originalgetreu und dem aktuellen Forschungsstand entsprechend rekonstruiert: mit Wandelhallen, Badeanlagen, Gärten und römischer Taverne (Im Meeswald 1, April–Okt. Di.–So. 10.00–18.00, Feb., März, Nov. 11.00 bis 16.00 Uhr. Dez./Jan. geschl., Tel. 06865/9 11 70, www.villa-borg.de).
Streng geometrisch angelegt folgt der **Renaissancegarten** von Schloss Berg dem Vorbild typischer Stickereien dieser Zeit. Das Grün der Pflanzen kontrastiert mit dem gelben und roten Wegebelag; der Garten ist von Mauern umfriedet. Die Anlage ist Bestandteil des Projekts „Gärten ohne Grenzen" im Dreiländereck Saarland-Frankreich-Luxemburg, in dessen Rahmen 23 Grünareale angelegt wurden (ganzjährig geöffnet, kein Eintritt). Das in den 1950er-Jahren wiedererbaute, zunächst als Schullandheim genutzte **Schloss Berg** entstand aus einer mittelalterlichen Wasserburg und birgt heute hinter seinen Renaissance-Fassaden ein luxuriöses Hotel sowie ein Spielcasino.

HOTEL/RESTAURANT

€€€€ Victor's Residenz-Hotel Schloss Berg, Schlossstr. 27–29, Tel. 06866/7 90, www.victors.de. Elegante Zimmer mit Balkon. Fitness- und Wellnessbereich. Im **Victor's FINE DINING** führen die zeitgemäß-leichten kulinarischen „Reisen" von Drei-Sterne-Koch Christian Bau von Japan über Spanien bis in die Provence (www.victors-fine-dining.de).

INFORMATION

Tourist-Information Gemeinde Perl
Trierer Straße 28, 66706 Perl
Tel. 06867/6 61 01, https://perl-saarschleifenland.de
Verkehrsverein Nennig, Bübinger Str. 5
66706 Perl-Nennig, Tel. 06866/14 39

FLUSSTÄLER „PER RAD"

Auf in den Sattel! Wer schneller sein möchte als zu Fuß und näher dran an der Natur als mit dem Auto, für den ist das Fahrrad das richtige Mittel, um die Ufer von Mosel und Saar zu erkunden. Auf eigenen Wegen dahingleiten, dem eigenen Temporhythmus folgen – ein Vergnügen für Groß und Klein.

Startpunkt ist Konz, der Mittelpunkt eines weit verzweigten Systems von Flusstälern, die sich alle „per Rad" entdecken lassen. Zum Einstieg fällt die Wahl auf die beiden großen Täler der Obermosel und der Saar. Bis zum Naturschutzgebiet Wiltinger Saarbogen mit seinen Stromschnellen, Seerosen und Graureiherkolonien führt der Weg gut fünf Kilometer durch eine schöne Weinberglandschaft. Dann geht es längs des Flusses etwa neun Kilometer bis hinab nach Saarburg. Von hier wenden wir uns durch Felder, Haine und Dörfchen in Richtung Mosel: nach Palzem (rund 18 km).

Über Wincheringen (9 km) mit seiner kleinen Burganlage und der sehenswerten Pfarrkirche aus dem 19. Jh. geht es weiter in das von Wäldchen, Wiesen und Auen umgebene Mannebach

Ebenerdig radeln, mal entlang der Saar und Obermosel, mal durch Weinberge, Felder und kleine Orte – ein Genuss!

(9 km), das am historischen Jakobsweg liegt und für seine Brauerei bekannt ist. Von dort radeln wir ins knapp sechs Kilometer entfernte Tawern. Wiederum auf autofreien, von Baumgruppen und Äckern gesäumten Wegen gelangen wir schließlich zu unserem Ausgangsort Konz (7,5 km).

Orientierung: Die Saar-Obermosel-Radwege sind einheitlich beschildert.
Sonstiges: Radpauschalen mit Gepäcktransfer im Dreiländereck und weitere Infos: www.saar-obermosel.de

Weingüter mit einem Plus

NICHT NUR WEIN

Sie haben sich schon früh dem ganzheitlichen Ansatz in Wingert und Keller gewidmet, betreiben hauptsächlich Steillagenanbau oder bieten auf ihrem Weingut kulturelle Events sowie Wissenswertes in der Natur – das Engagement der Mosel- und Saarwinzer ist inzwischen breit gefächert.

1 Winzerhof Gietzen

Comedian-Abende, Wanderung mit einem Schmetterlingsforscher, Weinkabarett plus Musik – auf dem Winzerhof Gietzen, zu dessen Weinlagen u.a. Parzellen auf dem Hatzenporter Stolzenberg und Kirchberg zählen, geht es übers Jahr kulturell und in Sachen Naturwissen hoch her. Auch Gästezimmer sowie einen Hofladen bieten die rührigen Weinbauern.

Moselstr. 70, 56332 Hatzenport, Tel. 02605/95 23 71, www.winzerhof-gietzen.com

2 Kloster Ebernach

In der Propstei Ebernach in Cochem wird seit 1673 durchgängig Wein hergestellt. Geleitet wird das Weingut von den Brüdern Zenzen, deren Familie sich bereits in 13. Generation dem Weinbau verschrieben hat. Im Bereich Veranstaltungen zählen Weinproben zum Standardrepertoire, ferner gibt es kulturelle Veranstaltungen im Innenhof bzw.in den historischen Räumlichkeiten des Weinguts. Weinwanderungen im Steilhang über dem Kloster führen zu urigen Hütten, die zu einer schönen Pause mit herrlichem Rundblick einladen.

Sehler Anlagen 36, 56812 Cochem, Tel. 02671/23 24 255, https://weingut-kloster ebernach.de, https://prop stei-ebernach.de

3 Franzen

Wie kein anderer hatte sich Ulrich Franzen für die Wiederbelebung der vor der Jahrtausendwende auf 4 ha geschrumpften Rebfläche auf dem Calmont eingesetzt. Nach seinem tragischen Unfalltod mit dem Schmalspurschlepper 2010 übernahm Sohn Kilian den Jahrhunderte alten Familienbetrieb. Den ersten eigenen Wein nannten der Jungwinzer und seine Frau „Der Sommer war groß“. Inzwischen produziert das Paar im legendären Steillagenweinberg Calmont sowie im Neefer Frauenberg nicht nur Riesling (u.a. als großes Gewächs), sondern auch weißen Burgunder, Spätburgunder-Rosé und Elbling.

Gartenstraße 14, 56814 Bremm, Tel: 02675/4 12, www.weingut-franzen.de

4 Immich-Batterieberg

Mit Hilfe unzähliger Sprengbatterien entstand Mitte des 19.Jh. in Enkirch die neue Rebfläche Batterieberg. Die Geschichte des Weinguts reicht indes zurück bis ins 10. Jh. Später ging das Gut als Lehen an die Fürsten von Esch; im 16. Jh. – schon unter der Ägide der bis 1989 aktiven Winzerfamilie Immich – entstand dann Franzenhaus (rechter Flügel). Heute stammen die Weine des Guts außer vom Batterieberg auch aus weiteren Schiefersteillagen, alle mit der „preussischen Lagenklassifizierung von 1868“ bereits in die höchste Klasse eingruppiert.

Im Alten Tal 2, 56850 Enkirch, Tel. 06541/81 59 07, www.batterieberg.com

5 Weingut zur Römerkelter

Bereits in den 1970er-Jahren begann die Familie Dienhart mit ökologischem Weinbau; inzwischen führt die zehnte Generation das ECOVIN-zertifizierte Gut nahe der antiken Kelter aus dem 2. Jh. Neben den ganz ohne chemisch synthetischen Pflanzenschutz- oder Düngemittel erzeugten Rieslingen gibt es auch zwei Rotlinge im Portfolio, einen Cremant Pinot Noir sowie einen Rivaner. Letzterer bildet zudem die Basis für einen Weißweinessig sowie einen Balsamico – beide ebenfalls in Bio-Qualität.

In der Duhr 6, 54484 Maring-Noviand, Tel. 06535/4 30, www.dienhart-weine.de

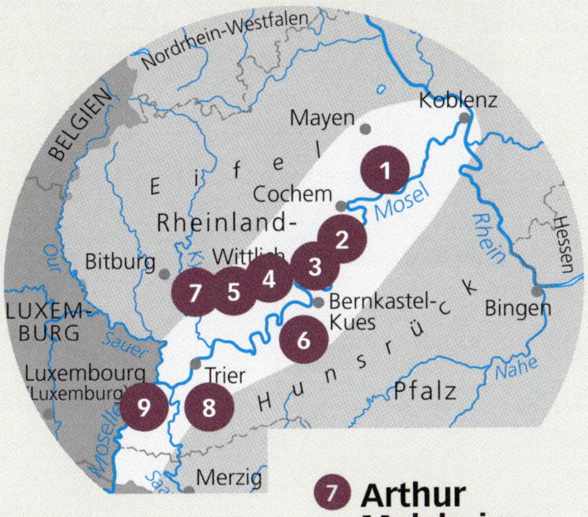

6 Wegeler

Viele Legenden ranken sich um den Bernkasteler Doctorberg; verbrieft aber ist, dass der aus Koblenz stammende Geheime Kommerzialrat Julius Wegeler im Winter des Jahres 1900 für 100 Goldmark pro Meter dort etwa ein Drittel der Fläche erwarb. Bis heute gab es keine Kaufmöglichkeit mehr in der 3,2 ha großen, auf insgesamt nur zwei Güter aufgeteilten Gemarkung. Wegeler knüpfte mit seiner Tat an die von ihm bereits anno 1882 im Rheingau begründete Weintradition seiner Familie an – und ließ bereits 1902/03 im Ortsteil Cues eine Kelter nach dem Prinzip der Gravitation errichten.

Gutshaus Mosel, Martertal 2, 54470 Bernkastel, Tel. 06531/24 93, www.wegeler.com

7 Arthur Melsheimer

Seit 1844 ist der mittelalterliche Wirtschaftshof der Zisterziensermönche hoch über dem Liesertal im Besitz der Familie Melsheimer. Ein Teil ihrer ökologisch angebauten Weine reift im historischen Keller nach alter Tradition in Fuderfässern. Wer möchte, kann von Frühling bis Herbst im Rahmen eines (Halb)Tages-Events auf dem Klosterhof Siebenborn die jeweiligen Weinbergarbeiten kennenlernen. Zudem bietet das als „Partnerbetrieb Naturschutz" ausgezeichnete Gut Führungen durch die Reben, den Keller und die Brennerei (ca. 2,5 Std.) – und Apartments in Kavaliershäuschen zum Übernachten.

Klosterhof Siebenborn 9, 54484 Maring-Noviand, Tel. 06535/8 51, www.arthur-melsheimer.de

8 Schloss Saarstein

Seit Römertagen wird in Serrig, dem südlichsten Weinort der Saar, Weinbau betrieben. Die Gesamtlage Saarstein entstand jedoch erst im 19. Jh. Ein Kaufmann erwarb damals den Berg und ließ das schlossartige Gutsgebäude errichten. Seit 1956 zeichnet nun die Familie Ebert für die Weine an den von der Saar umflossenen Hängen verantwortlich – nach dem Credo: „Jeder Rebstock soll auf den Wasserlauf blicken können." Besucher können die prächtige Aussicht auf die Saar werktags von der großen Terrasse des „Château" genießen – beim SaarRieslingSommer oder zur festlichen Jahrgangspräsentation.

Schloss Saarstein 1, 54455 Serrig, Tel. 06581/23 24, www.saarstein.de

9 Stefan Steinmetz

Riesling hat Stefan Steinmetz nicht im Angebot. Auf seinen sechs Hektar baut der Jungwinzer, der sich bereits mit 17 Jahren klar für das Thema Wein als Beruf entschied, Weiß- und Grauburgunder an, Auxerrois – und Elbling. Letzterem gilt seine besondere Aufmerksamkeit. Daher hat der weitgehend allein arbeitende, auf klassische Etikettierungen bewusst verzichtende (Bio)-Winzer auf einer neu gepachteten Rebfläche in Kooperation mit der Weinbau-Universität Geisenheim 200 verschiedene Klone von alten Elblingreben gepflanzt, um deren Eigenschaften zu beobachten. Schon die alten Römer kultivierten in der Region diesen „Albus", wie sie ihn nannten. Heute beschäftigen sich nur noch wenige Winzer an der Obermosel und an der Sauer mit der antiken Traube.

Am Markusbrunnen 6, 54439 Wehr, Tel. 06583/2 34, www.stephan-steinmetz.de

HILFREICH & NÜTZLICH

Sport- und Wandermöglichkeiten, die interessantesten Geschichtsdaten und Adressen – hier sind die wichtigsten Informationen für Ihren Mosel-Urlaub zusammengestellt.

In der Moselschleuse bei Zeltingen (oben), Panoramablick auf die Mosel zwischen Cochemer Krampen und Bremm (rechts)

Anreise

Auto: Von Südwesten erreicht man Koblenz am besten über die A 3 und A 48; zur Terrassenmosel führt aus Süden und Nordwesten die A 61. Direkt nach Trier gelangt man übert die A 1.
Bahn: Bis Koblenz verkehren IC- und EC-Züge, auch Trier ist an das IC-Netz angebunden. RB- oder RE-Züge von beiden Städten ins Moseltal, z. B. direkt nach Cochem, Bullay, Treis-Karden, Wittlich oder mit Umsteigen (in Bullay) nach Traben-Trarbach.
Flugzeug: Das Moselland liegt im Airport-Dreieck Frankfurt-Hahn, Köln/Bonn bzw. Düsseldorf und Luxemburg. Die kürzeste Entfernung besteht zum Flughafen Hahn (www.hahn-airport.de) sowie nach Luxemburg Findel (www.aeroport.public.lu). Shuttlebus zwischen Luxemburg-Findel und Trier, ab Hahn nach Koblenz und Trier sowie Shuttle nach Bullay/Cochem (www.airportshuttle-mosel.de).
Schiff: Von Koblenz bis Trier verkehren regelmäßig Linienschiffe. Für große Distanzen: Köln-Düsseldorfer Rheinschifffahrt AG (Frankenwerft 35, 50667 Köln, Tel. 0221/2088818, www.k-d.com). Kleinere Strecken bedienen (meist nur zwischen Mai und Oktober) lokale Schifffahrtsunternehmen wie Schifffahrt Hölzenbein (Koblenz, www.hoelzenbein.de) und Gebr. Kolb (Trier und Bernkastel-Kues, www.moselrundfahrten.de).)

Auskunft

Mosellandtouristik GmbH
Kordelweg 1, 54470 Bernkastel-Kues
Tel. 06531/97330
www.visitmosel.de
Rheinland-Pfalz Tourismus GmbH
Löhrstraße 103–105, 56068 Koblenz
Tel. 0261/915200
www.rlp-tourismus.com
Tourist-Information Sonnige Untermosel
Moselstr. 7, 56332 Alken
Tel. 02605/8472736
www.sonnige-untermosel.de
Saar-Obermosel Touristik
Tourist-Info Saarburg, Graf-Siegfried-Str. 32
54439 Saarburg, Tel. 06581/995980
Tourist-Info Konz, Saarstr. 1
54329 Konz, Tel. 06501/6018040
www.saar-obermosel.de

Essen & Trinken

Internationale Standards prägen inzwischen auch an der Mosel das Gros der Speisekarten. Es gibt aber immer wieder Gelegenheiten, die ursprüngliche, deftig-einfache Küche der Region zu entdecken: bei traditionsbewussten (oder innovativen) Wirten und Winzern, im Rahmen von Wein(berg)-Festen und bei anderen öffentlichen Feierlichkeiten.
Das Moselland war einst eine arme Region; entsprechend setzten sich auch die Speisen aus dem zusammen, was in der Gegend vorhanden war: **Fisch** (Aal und Zander), Feldfrüchte (Kartoffeln, Kohl und Bohnen) sowie – vor allem in der Eifelregion – das Fleisch von Ziegen, Lämmern, Rindern, Schweinen und Wild. Schlichte, nahrhafte Kost wurde daraus bereitet: würzige Kuchen oder Winzerbrot, „Schmer" (Aufstrich), Eintöpfe, Pfannengerichte, Aufläufe (z. B. **Debbekoche** oder **Deppellappes**). Nach den Schlachttagen gab es auch Sülze, Leber- und Blutwurst, Weinbauern-Pastete oder Tresterfleisch. Trauben und Wein spielten stets eine Rolle in der moselländischen Küche; stellenweise auch der Apfel und – seit geraumer Zeit wieder – der rote **Weinbergpfirsich.** Überdies kann man im Moselland mancherorts wie die alten Römer speisen und die Kunst einiger Sterneköche kennenlernen. Ausführliches zum Thema **Wein** unter „Zur Sache" S. 88–91.

Feste und Veranstaltungen

„Mythos Mosel": Eine parallele Jahrgangsverkostung aus rund 120 Weingütern, verteilt auf 30 Gastgeber-Weingüter. Jährlich abwechselnd ausgerichtet wird Mythos Mosel in Gemeinden innerhalb von drei je 20 km langen Abschnitten an der Mosel. Abgerundet wird das Programm u.a. durch Winzermenüs und Weinparties. Ein Shuttlebus verbindet die Locations (Wochenende nach Pfingsten, www.mythos-mosel.de).
Moselmusikfestival: Klassische Konzerte an vielen Orten, in Trier, in der Glockengießerei Mabilon in Saarburg, in Weingütern (Juli–Anf. Okt., www.moselmusikfestival.de).
Weinfest der Mittelmosel: Ende Aug./Anfang Sept. feiert Bernkastel-Kues fünf Tage lang mit Feuerwerk und Winzer-Festzug.

Kinder

Burgen erkunden, im Kanu paddeln, historische Wassermühlen bestaunen, sommerrodeln, klettern, Minigolf spielen – das Moselland birgt eine Fülle kindgerechter Attraktionen. Für nahezu jede Altersstufe gibt es ein Angebot. Zudem handelt es sich bei einem Großteil der **Unterkünfte** in der Region um familienfreundliche Ferienwohnungen; oft auf einem Bauern- bzw. Winzerhof (z. B. Treis-Karden, Klickerter Hof, nach dem Ortsausgang auf der Kreisstr. 31 Richtung Windhäuser Höfe, Tel. 02672/7156, www.klickerterhof.de, Heu-Übernachtung, Esel, Schafe, Rinder). In Leiwen und Kröv gibt es Ferienanlagen mit Bungalows (Landal Sonnenberg, Sonnenberg 1, Tel. 06507/93690, Landal Mont Royal, Tel. 06541/70070, www.landal.de).
Geisterführung
z.B. in Cochem, Reichsburg, für Kinder in den Sommer- und Herbstferien nur nach Voranm., https://reichsburg-cochem.de
Seil- und Klettergarten
Traben-Trarbach: Adventure Forest, Mont Royal, Öffnungszeiten siehe Webseite, https://adventureforest.de
Wild- und Freizeitpark
Klotten: ab Ort ausgeschildert, April–Nov. tgl. ca. 10.00–17.00 Uhr, in den Sommerferien tlw. verlängerte Öffnungszeiten, www.klotti.de
Erlebnisbäder
u.a. in Schweich, Kröv, Leiwen, Treis-Karden, Bernkastel, Wittlich, Zell

Restaurants

Empfehlungen und Adressen siehe die Infoseiten der vorangegangenen Kapitel.

Preiskategorien

€€€€	Hauptspeisen	über 30	€
€€€	Hauptspeisen	20 – 30	€
€€	Hauptspeisen	15 – 20	€
€	Hauptspeisen	10 – 15	€

Sport & Freizeit

Angeln
Angelscheine erhält man bei den Verbandsgemeindeverwaltungen bzw. den Tourist-Informationen.

Baden
... ist erlaubt in der Mosel. Die Wasserqualität ist relativ gut, man sollte jedoch Vorsicht walten lassen angesichts des regen Schiffsverkehrs. Jeweils 100 Meter oberhalb und unterhalb von Häfen, Fähr- und Schiffsanlegestellen herrscht Bade- und Schwimmverbot, bei Schleusen muss man mindestens 300 Meter Abstand einhalten!

Golf
Der Golfclub Cochem/Mosel e.V. Höhe Ediger-Eller (Am Kellerborn 2, Tel. 02675/91 15 11, www. golfcochem.eu) bietet auf dem Plateau des Cochemer Krampen einen 18-Loch-Championship Course sowie einen 9-Loch-Executive Course, der auch ohne Platzreife und DGV-Mitgliedschaft gespielt werden darf. Familien mit Kindern können in dem Club zudem der Trendsportart Footgolf nachgehen. Der 18-Loch-Platz des Golfclubs Trier (Tel. 06507/ 99 32 55, www.golf-club-trier.de) liegt zwischen Bekond und Leiwen.

Luftsport
Bei Koblenz, Bernkastel-Kues, Trier, Cochem oder Wittlich sind Heißluftballon-Fahrten möglich. Drachen- und Gleitschirmfliegern bietet der Raum Bernkastel-Kues zahlreiche Startmöglichkeiten (z. B. in Klüsserath, Graach, Zeltingen/Rachtig, Burgen, Ürzig/Erden und Maring-Noviand).

Radfahren
Das gut ausgebaute Radwege- bzw. Radstreifennetz der Mosel umfasst mehrere hundert Tourenkilometer. An zahlreichen Moselbahnhöfen, in vielen Hotels und Verkehrsvereinen können Räder gemietet werden. Vom 1. April bis zum 31. Oktober setzt die Moselbahn GmbH (www.moselbahn.de) einen speziellen Radlerbus ein (3 x tgl. zwischen Trier und Traben-Trarbach, www.radbusse.de).
Auf der kostenlosen Audiotour für's Smartphone „Lauschpunkte am Mosel-Radweg" erzählen Winzer sowie Kultur- und Weinbotschafter Anekdoten und Wissenswertes zu Besonderheiten am Wegesrand; insges. 40 „Lausch-Punkte" auf der Strecke Perl-Koblenz (Mosellandtouristik GmbH in Bernkastel, Tel. 06531/ 9 73 30, www.mosellandtouristik.de).

Wassersport
Segeln, Fahrten mit dem Motorboot, Kajak oder Kanu ist an der Mosel fast überall möglich. In vielen Moselorten gibt es Anlegestellen und einen Bootsverleih – auch für führerscheinfreie Motorboote. Kajaks und Kanus können gemietet werden u.a. in Ernst, Ediger und Pünderich.

Übernachten

Empfehlungen und Adressen siehe die Infoseiten der vorangegangenen Kapitel.

Preiskategorien

€€€€	Doppelzimmer	über 200	€
€€€	Doppelzimmer	120 – 200	€
€€	Doppelzimmer	70 – 120	€
€	Doppelzimmer	40 – 70	€

Info

Daten & Fakten

Natur & Geografie: Ihren Ursprung hat die Mosel auf rund 700 m ü.d.M. am Col du Bussang in den Vogesen. Von dort bis zur Mündung in den Rhein bei Koblenz legt dessen längster Nebenfluss 544 km zurück, davon fast die Hälfte (ab Perl) auf deutschem Boden. Dort teilt das tief in den harten Felsen eingeschnittene Tal der Mosel die Gebirgszüge Eifel (im Norden) und Hunsrück (im Süden). Die größten Nebenflüsse sind Saar und Sauer. Nach dem Rhein ist die stellenweise stark mäandernde Mosel Deutschlands zweitwichtigste Schifffahrtsstraße. Von den insgesamt 28 Staustufen des Flusses liegt fast die Hälfte zwischen Trier und Koblenz. Detzem hat mit 9 m die größte Fallhöhe und ist bislang die einzige Staustufe mit einem Schleusenkanal. Weitere Schleusenkammern für den Fluss sind indes für die nahe Zukunft geplant: Bis 2032 sollen alle Staustufen erweitert werden. Die beiden Quellflüsse der Saar entspringen ebenfalls in den Vogesen bei Donon. Diese mündet bei Konz in die Mosel und hat eine Länge von 227 km.

Klima: In den windgeschützten Flussschleifen herrschen in der Regel milde, stellenweise mediterrane Temperaturen, die nicht nur Reben, sondern auch exotische Pflanzen wie Kiwis gedeihen lassen. Die Strahlen der Sommersonne heizen die dunklen Schieferhänge indes mitunter auf bis zu 40 °C auf. Im Spätherbst staut sich in den engen Tälern häufig Nebel. Ab Oktober ist mit Hochwasser zu rechnen. Die Winter sind in der Regel komplett schneefrei, können aber recht frostig sein. Die durchschnittliche Jahrestemperatur beträgt an der Mittelmosel etwa 9 °C, auf den Höhen der Eifel und des Hunsrück liegt sie deutlich niedriger – hier kann es im Winter auch Schnee geben.

Wirtschaft: Weinbau, Tourismus und Schifffahrt sind die ökonomischen Säulen der mittelständisch geprägten Region, hinzu kommen Handwerksbetriebe sowie Groß- und Einzelhandel. Etwa 3000 Winzer bewirtschaften an Mosel, Saar und Ruwer knapp 9000 Hektar Rebfläche mit etwa 60 Millionen Rebstöcken. Binnenschiffer transportieren jährlich zwischen 14 und 16 Millionen Tonnen auf der Mosel. Von den rund 150 000 Grenzgängern nach Luxemburg stellen die Regionen Mosel und Saar rund 24 Prozent.

Wandern

Viele Themen-, Kultur- und Erlebniswege erschließen das Moselland. Eine kleine Auswahl:

Moselsteig
Mit seinen 365 km ist der Moselsteig einer der längsten Fernwanderwege in Deutschland. Beginnend in Perl an der deutsch-französisch-luxemburgischen Grenze folgt er dem gesamten deutschen Mosellauf bis zur Mündung am Deutschen Eck in Koblenz. Auf 24 Etappen, die je 11 bis 24 km lang sind und unterschiedliche Schwierigkeitsgrade anbieten, geht es durch abwechslungsreiche Landschaften, durch Wälder, Weinberge und durch typische Weinorte. Ergänzt wird der Moselsteig dabei von seinen seit 2014 angeschlossenen und seither ständig erweiterten Partner-Rundwanderwegen „Seitensprüngen" und „Traumpfaden", die je auf einer Halbtages- oder Tagestour (mit je ca. 5 bis 20 km Länge) erwandert werden können (www.moselsteig.de; www.moselsteig.de/seitenspruenge-traumpfade). Beim Wanderevent „Wünschelrouten" (1. Wochenende Nov.) wird der herbstliche Moselsteig in Begleitung von Winzern, Kultur- und Erlebnisbotschaftern im Rahmen von individuellen Touren ausführlich erkundet.

Moselhöhenweg
Der älteste und längste Wanderweg ist der Moselhöhenweg. Über fast 400 km zieht er sich zu beiden Seiten des Flusses hin. Auf der Hunsrückseite führt er von Koblenz bis Palzem, auf der Eifelseite von Wasserbillig bis Trier und von Schweich zurück bis nach Koblenz.

Unterwegs mit Kultur- und Weinbotschaftern
Bei Exkursionen mit zertifizierten Kultur- und Weinbotschaftern geht es neben der Rebkultur auch um Kräuter, Architektur, Literatur, Museen oder die gallo-römische Geschichte (www.kultur-und-weinbotschafter.de/mosel).

Wanderführer: KOMPASS Wanderführer Mosel (44 Touren, mit Routenkarten und Höhenprofilen)
KOMPASS Wanderführer Mosel mit Moselsteig (68 Touren, mit Wanderkarte 1:75 000, GPX-Download)

In den Steillagen ist viel Handarbeit nötig.

Info

Geschichte

um 500 v. Chr.: Der keltische Stamm der Treverer lässt sich im Moselraum nieder. Bedeutende Siedlungen entstehen längs des Flusses u.a. bei Pommern/Karden sowie zwischen Bernkastel und Trarbach.
55–53 v. Chr.: Cäsars Truppen erobern in den gallischen Kriegen das Moselgebiet.
16.v. Chr.: Gründung Triers (Augusta Treverorum) durch Kaiser Augustus
9. v. Chr.: Am Zusammenfluss von Rhein und Mosel errichten die Römer ihr Lager Ad Confluentes, die Keimzelle von Koblenz.
1. Jh. n.Chr.: Die Römer führen den Weinbau an der Mosel ein.
4. Jh.: Unter Kaiser Konstantin erblüht Trier zum Roma secunda, dem zweiten Rom und wird Hauptstadt des Römischen Westreichs.
5. Jh.: Die Franken erobern das Moselland.
882: Normannische Krieger zerstören Trier.
10.–13. Jh.: Trier genießt dank seiner wachsenden Zahl von Kirchen, Klöstern und Stiften den Ruf einer civitas sancta, einer „heiligen" Stadt.
16. Jh.: Reichstag in Trier. Reformationsversuche in der Stadt scheitern.
1618–1648: Der Dreißigjährige Krieg verwüstet auch das Moselland.
1688–1697: Im Pfälzischen Erbfolgekrieg ziehen französische Truppen eine Spur der Zerstörung durch das Moseltal.
1797: Trier wird wie das linksrheinische Deutschland nach den Koalitionskriegen in das französische Staatsgebiet eingegliedert.
1814/1815: Trier und das Rheinland werden preußisch.
1839: Das erste Dampfschiff befährt die Mosel. Zwei Jahre später beginnt ein regelmäßiger Verkehr zwischen Trier und Koblenz.
1874–1879: Bau der Eisenbahnstrecke von Koblenz nach Trier inklusive des 4,2 km langen Kaiser-Wilhelm-Tunnels
1957–1964: Ausbau der Mosel zum Großschifffahrtsweg mit Schleusen
1986: Triers römische Relikte und die aus ihnen erwachsenen christlichen Nachfolgebauten werden UNESCO-Welterbe.
1987: Entdeckung der dritten römischen Thermenanlage (ca. 3. Jh. n. Chr.) von Trier
1993/1994: Jahrhunderthochwasser: Seit 1784 erreichte die Mosel nicht derartige Pegelstände (Trier: 11,28 m, Koblenz 9,49 m).
2009: Erster Spatenstich für den umstrittenen Ausbau der B 50 inkl. Großbrücke (Hochmoselübergang) bei Zeltingen-Rachtig
2010: Deutschlands größte Seilbahn nimmt in Koblenz ihren Betrieb auf.
2011: Bundesgartenschau in Koblenz
2012: Zur seltenen Präsentation des Heiligen Rocks, des angeblichen Gewands Christi, pilgern 550 000 Gläubige nach Trier.
2018: Trier begeht mit einem Festakt den 200. Geburtstag von Karl Marx.
2019: Am 21. November wird die neue, 158 m hohe Hochmoselbrücke für den Verkehr freigegeben.
2024: Der Moselradweg wird im Rahmen der Internationalen Tourismusbörse als „Vier-Sterne-Qualitätsroute" ausgezeichnet. Nach einem Schleusen-Schiffsunfall im Dezember bleibt die Mosel für Monate gesperrt.

Winzerbetriebe

Zu den renommiertesten Winzern des Mosel/Saar-Gebiets zählen z. Zt. u.a. Thomas Haag vom Weingut Schloss Lieser (www.weingut-schloss-lieser.de), Dr. Manfred Prüm und Dr. Katharina Prüm vom Weingut Joh. Jos. Prüm (www.jjpruem.com), Markus Molitor aus Bernkastel-Wehlen (http://markusmolitor.com) und Egon Müller (www.egon-mueller.de) in Wiltingen/Saar.

Weingut Clemens Busch
Kirchstr. 37, 56862 Pünderich
Tel. 06542/1 81 40 23, www.clemens-busch.de
Die Bio-Winzer-Familie produziert seit 1986 feine, langlebige Weine.

Weingut Forstmeister Geltz Zilliken
Heckingstraße 20, 54439 Saarburg
Tel. 06581/24 56, www.zilliken-vdp.de
Die „Winzer des Jahres 2017" (Gault&Millau) kultivieren Spitzen-Rieslinge auf 13 ha.

Weingut Nik Weis
Rund 45 Hektar Weinberge, die zum Teil zu den renommiertesten an Mosel und Saar zählen, gehören Nik Weis. Seit drei Generationen wächst hier Riesling, den der gelernte Winzer zu eleganten, lebendigen Weinen ausbaut. Vor allem die Alten Reben haben es mir angetan.

Weingut Weiser-Künstler
Wilhelmstraße 11, 56841 Traben-Trarbach
Tel. 06541/81 99 43, www.weiser-kuenstler.de
Engagiert im „Klitzekleinen Ring" für die Weiterbewirtschaftung sonst von der Aufgabe bedrohter Steillagen. Reine Handarbeit, keine Herbizide. Geboten werden vor allem restsüße Weine.

REGISTER

Fette Ziffern verweisen auf Abbildungen

IMPRESSUM

DUMONT Bildatlas Mosel, 6. Auflage 2025
ISBN 978-3-616-01225-4

Redaktion: Achim Bourmer
Text: Rita Henß, Frankfurt a. M.
Aktualisierung 2025: Jutta Gay
Exklusiv-Fotografie: Arthur F. Selbach
Titelbild: mauritius images/Erhard Hess (Burg Metternich bei Beilstein)
Zusätzliches Bildmaterial: DUMONT Bildarchiv/Christian Bäck S. 33 o.r.; DUMONT Bildarchiv/Rainer Hackenberg S. 20 r., 33. u.r., 49 u.l., 53 o.l., 60 u., 85 u., 93 o.l., 112 o.r., 116 u., 116 o.r.; DUMONT Bildarchiv/Peter Hirth 7 .r., 48; DUMONT Bildarchiv/Georg Knoll 112 o.l; dpa/Harald Tittel 31 o.r.; huber/Hans-Georg Eiben 71 u.; huber/Hans-Peter Merten 70 r., 99 o.r.; huber/Reinhard Schmid 16/17; laif/Ralf Brunner 26 o.l., u.; laif/Bernd Jonkmanns 104 o.; laif/Gregor Lengler 76/77; laif/Thomas Rabsch 118; laif/Clemens Zahn 21 u.; Landhaus Reverchon 21 o.l.; mauritius/Udo Bernhart 120 l.; mauritius/Thomas Frey 30; mauritius/Heather Ahrens/Alamy 44 o.; mauritius/Hans-Peter Merten 114 l., 121 u.l.; mauritius/Rupert Oberhäuser/Alamy 86 u.; mauritius/Chris Seba 8/9; picture alliance/Ulrich Baumgarten 10/11; picture alliance/BeckerBredel 121 o.l.; picture alliance/C. Braun 46/47; picture alliance/Thomas Frey 12/13, 35 r., 121 o.r.; picture alliance/Frank Kleefeldt 71 o.l.; picture alliance/Kevin Kurek 55 l.; picture alliance/Markus Lange 55 r.; picture alliance/Alexander Ludwig 114 r.; picture alliance/Frank Rumpenhorst 91; picture alliance/Beate Tuerk 71 o.r.; picture alliance/Peter Zoeller 20 l.; picture alliance/Westend61/Andresa Pacek 70 l.; Christin Schröder 95; shutterstock/foto-select 14/15; Henry Tornow 35 l.; Weingut Immich-Batterieberg 115 o.l., Weingut Arthur Melsheimer 115 o.r.; Weingut Weiskopf 54 li.
Grafische Konzeption: fpm factor product münchen
Layout und Cover-Gestaltung: CYCLUS · Visuelle Kommunikation, Stuttgart
Kartografie: © KOMPASS-Karten GmbH, A-6020 Innsbruck; MAIRDUMONT, D-73760 Ostfildern; Kartografie Lawall D-72669 Unterensingen (Karten für »Unsere Favoriten«)
Reproduktionen: PPP Pre Print Partner, GmbH & Co. KG, Köln

Lob oder Kritik? Wir freuen uns auf eine Nachricht! Trotz gründlicher Recherche schleichen sich manchmal Fehler ein. Wir bitten um Verständnis, dass der Verlag dafür keine Haftung übernehmen kann.
Redaktion DUMONT Reise • MAIRDUMONT • info@dumontreise.de

Anzeigenvermarktung: MAIRDUMONT MEDIA, Tel. 0711/4502-0, Fax 0711/4502-1012, media@mairdumont.com, http://media.mairdumont.com

Printed in Germany

Urlaub erinnern …

An der Mosel lernt man, wie ein Gladiator zu kämpfen oder Greifvögel zu trainieren. Und zu Hause wecken ein Biowein oder sogar ein bestimmter Senf schöne Erinnerungen.

BERECHNUNG DES GLOCKENTONS

Jetzt bin ich etwas schlauer: Ich weiß, wie der Glockenton berechnet wird. Das hängt nicht so sehr von der Zusammensetzung des Gussmetalls ab, sondern vom Glockenprofil, d.h. vom richtigen Verhältnis von Höhe, Umfang und Wandstärke. Erfahren habe ich das im Glockengießereimuseum Mabilon in Saarburg, dem einzigen Museum dieser Art in Deutschland (www.museum-glockengiesserei-mabilon.de).

AUSFLUG IN DIE UNTERWELT

Der Besuch der halbdunklen Unterwelt von Traben-Trarbach – um 1900 war die Gemeinde nach Bordeaux der zweitgrößte Weinumschlagplatz Europas, 32 Keller sind noch zu besichtigen – ist ein Erlebnis, das man nicht vergisst. Vor allem nicht, wenn man zur Adventszeit kommt! Der Weihnachtsmarkt hier ist der einzige unterirdische Deutschlands (www.traben-trarbach.de).

BIOWEINE

Das Bioweingut Hubertushof in Lieser bei Bernkastel-Kues ist mehrfach mit dem rheinland-pfälzischen Staatsehrenpreis ausgezeichnet worden. Die Auswahl an Weinen ist groß. Wir haben uns entschieden für Prestige 2017er Riesling Auslese trocken, Lieserer Niederberg-Helden und 2018er Alte Reben – Riesling Spätlese süß Bernkastel-Kueser Weisenstein. Wir wurden nicht enttäuscht! (www.weingut-hubertushof.de).

PRICKELNDE ERINNERUNGEN

Immer wenn ich im Supermarkt oder beim Discounter an der Wein- und Sektabteilung vorbeikomme, muss ich an die Führung im Kellermuseum des Stammhauses von Deinhard in Koblenz, im ältesten Teil der einstigen Kellerei, denken. Was ich hier über die Sektherstellung und die Firmengeschichte erfuhr – seit 1794 steht Deinhard für prickelnden Schaumwein und ausgezeichnete Weine –, war hochinteressant (www.deinhard.de).

MÖRDERISCHES MOSELTAL

Im Kurzgeschichtenband „Mörderisches Moseltal" schildern auf 300 Seiten 20 Krimiautoren abscheuliche Morde und Gräueltaten in den Moselstädtchen (KBV 2014). Für mich, den Moselfan, sehr spannende Unterhaltung!

UNVERGESSLICHER AUSBLICK

In 23 m Höhe windet sich bei Mettlach der 800 m lange Baumwipfelpfad Saarschleife durch die Bäume (www.treetop-walks.de/saarschleife). Vom 42 hohen Aussichtsturm genießt man den wohl grandiosesten Blick auf die Saarschleife – für mich unvergesslich.

GREIFVÖGEL ABTRAGEN

In vielen Greifvogelparks darf man schon mal einen von ihnen auf dem Unterarm halten. Aber in dem von Saarburg habe ich sogar einen ganzen Tag lang mit verschiedensten Vögeln verbracht und gelernt, sie „abzutragen", wie der Falkner sagt, d.h. sie zu trainieren (www.greifvogelpark-saarburg.de).

SENFPARADIES

Die Historische Senfmühle im Cochemer Stadtteil Cond bietet allerlei Senfsorten: mit Knoblauch, Bärlauch, Cayenne, Riesling usw. Als Mitbringsel eignen sich auch Wurstwaren im Glas oder Spirituosen wie Senfmüller's Senf-Kräuterlikör 18% bzw. Senfmüller's feiner Tropfen 40% (www.senfmuehle.net). Letzteren haben wir gekauft. Lecker!

»... DIE HÜGEL, DIE VON REBEN GRÜNEN, DIE LIEBLICHEN FLUTEN DER MOSEL ...«

Decimus Magnus Ausonius, „Mosella", um 371

TRITTSICHERHEIT VORAUSGESETZT

Ungezählte Handläufe, sechs Leitern, 22 Trittbügel und 16 Trittstifte sichern den Calmont Klettersteig. Eine Herausforderung! Die Belohnung für Mühen und einige Angstpassagen: ein grandioser Ausblick, ein feines Glas Wein und ein bisschen Stolz, es geschafft zu haben.

MYTHOS GLADIATOR

Früher habe ich asiatische Kampfsportarten praktiziert, wie Taekwondo und die philippinische Stockkampfkunst Arnis. Doch der Umgang mit Schwert und Schild eines römischen Gladiators, den uns – wir waren mehrere – die Gladiatorenschule Trier (www.gladiatoren-schule.de) lehrte, war eine ganz neue Erfahrung für mich. Einfach genial!

PRO
GRAMM

SPANIEN NORDEN / JAKOBSWEG

Berge und Wellen
Aktivurlauber sind hier im Glück: Vormittags bergwandern, nachmittags ein Bad im Meer – geht problemlos!

Galizische Küche
Wer Fisch und Meeresfrüchte liebt, ist im Norden Spaniens goldrichtig!

Bilbao
… hat touristisch mächtig aufgeholt, vor allem dank des berühmten Museo Guggenheim Bilbao von Stararchitekt Frank O. Gehry.

www.dumontreise.de

JAPAN

Tokio
Mehr Großstadtfeeling als in Japans Megacity geht nicht!

Heiße Quellen
Ideal nach einer Stadtbesichtigung: ein paar Stunden im Onsen und man fühlt sich wie neugeboren!

Raus in die Natur!
Mit ein bisschen Zeit kann man in das ländliche Japan eintauchen, auf alten Pilgerwegen wandern und die phantastische Naturvielfalt des kleinen Landes entdecken.

LIEFERBARE AUSGABEN

DEUTSCHLAND
207 Allgäu
216 Altmühltal
220 Bayerischer Wald
180 Berlin
162 Bodensee
217 Brandenburg
175 Chiemgau, Berchtesg. Land
237 Dresden, Sächsische Schweiz
152 Eifel, Aachen
157 Elbe und Weser, Bremen
168 Franken
020 Frankfurt, Rhein-Main
112 Freiburg, Basel, Colmar
231 Hamburg
026 Hannover zw. Harz und Heide
042 Harz
023 Leipzig, Halle, Magdeburg
210 Lüneburger Heide
188 Mecklenburgische Seen
038 Mecklenburg-Vorpommern
033 Mosel
190 München
047 Münsterland
223 Nordseeküste Schleswig-Holstein
006 Oberbayern
161 Odenwald, Heidelberg
035 Osnabrücker Land
002 Ostfriesland
164 Ostseeküste Mecklenburg-Vorpommern
154 Ostseeküste Schleswig-Holstein
201 Pfalz
040 Rhein zw. Köln und Mainz
185 Rhön
186 Rügen, Usedom, Hiddensee
206 Ruhrgebiet
149 Saarland
182 Sachsen
159 Schwarzwald Norden
045 Schwarzwald Süden
018 Spreewald, Lausitz
008 Stuttgart, Schwäbische Alb
239 Sylt, Amrum, Föhr
204 Teutoburger Wald
170 Thüringen
037 Weserbergland

BENELUX
156 Amsterdam
011 Flandern, Brüssel
179 Niederlande

FRANKREICH
177 Bretagne
021 Côte d'Azur
032 Elsass
228 Frankreich Südwesten Okzitanien
240 Französische Atlantikküste
019 Korsika
213 Normandie
235 Paris
198 Provence

GROSSBRITANNIEN/ IRLAND
187 Irland
202 London
189 Schottland
227 Südengland

ITALIEN/MALTA/ KROATIEN
181 Apulien, Kalabrien
211 Gardasee
222 Golf von Neapel, Kampanien
163 Istrien, Kvarner Bucht
215 Italien, Norden
233 Kroatische Adria
167 Malta
155 Oberitalienische Seen
158 Piemont, Turin
014 Rom
165 Sardinien
003 Sizilien
203 Südtirol
039 Toskana
232 Venedig, Venetien

GRIECHENLAND/ ZYPERN/TÜRKEI
034 Istanbul
016 Kreta
176 Türkische Südküste, Antalya
229 Zypern

MITTEL- UND OSTEUROPA
236 Baltikum
208 Danzig, Ostsee, Masuren
169 Krakau, Breslau, Polen Süden
044 Prag
193 St. Petersburg

ÖSTERREICH/ SCHWEIZ
192 Kärnten
004 Salzburger Land
196 Schweiz
226 Tirol
197 Wien

SPANIEN/PORTUGAL
043 Algarve
214 Andalusien
150 Barcelona
025 Gran Canaria, Fuerteventura, Lanzarote
172 Kanarische Inseln
199 Lissabon
209 Madeira
174 Mallorca
225 Porto, Portugal Norden
241 Spanien Norden, Jakobsweg
219 Teneriffa, La Palma, La Gomera , El Hierro

SKANDINAVIEN/ NORDEUROPA
166 Dänemark
212 Finnland
153 Hurtigruten
029 Island
200 Norwegen Norden
178 Norwegen Süden
151 Schweden Süden, Stockholm

LÄNDERÜBERGREIFENDE BÄNDE
224 Donau – Von der Quelle bis zur Mündung
112 Freiburg, Basel, Colmar
221 Kreuzfahrt auf der Ostsee

AUSSEREUROPÄISCHE ZIELE
183 Australien Osten, Sydney
109 Australien Süden, Westen
218 Bali, Lombok
195 Costa Rica
234 Dubai, Abu Dhabi, VAE
160 Florida
205 Iran
027 Israel, Palästina
242 Japan
230 Kalifornien
031 Kanada Osten
191 Kanada Westen
171 Kuba
238 Marokko
022 Namibia
194 Neuseeland
041 New York
Saudi-Arabien
184 Sri Lanka
048 Südafrika
012 Thailand
046 Vietnam